HANS-JÜRGEN MARKMANN

Der Jagdhund —— welpe

FRÜHERZIEHUNG,
ANLAGENFÖRDERUNG UND
JAGDLICHE PRÄGUNG

Bearbeitet von Thomas Lanzinger

KOSMOS

☞ *Inhalt*

4 Welpenerziehung heute

....

**8 VOM WOLF ZUM HEUTIGEN
JAGDGEFÄHRTEN**

10 Isegrims Domestikation

15 Die Parforce-Dressur

20 Moderne Früherziehung

....

**30 WELPENAUSWAHL
UND -HALTUNG**

32 Die Qual der Wahl

38 Verhaltensgerechte Unterbringung

44 Ernährung und Fütterung

**46 ENTWICKLUNGSPHASEN
UND FRÜHERZIEHUNG**

48 Die ersten 16 Lebenswochen

55 Allgemeines zur Früherziehung

62 Lehrgänge und Ausbildungshilfen

....

68 7. BIS 9. WOCHE

70 Welpenübernahme und -eingewöhnung

77 Erste Erziehungsmaßnahmen

83 Anlagenförderung

88 9. UND 10. WOCHE

90   Der kleine Gehorsam

98   Welpenspiel- und Welpenlerntage

102   Bringen – erste Übungen

104   Der Welpe und das Wasser

108 11. BIS 16. WOCHE

110   Führigkeit und Schuss

113   Spur und Schleppe

116   Schweißfährten und Wiederholung

124 HERZENSTHEMEN

126   Ein Wort zur „Schärfe"

131   Unsere Jugendprüfungen –
      zur Diskussion gestellt

134 SERVICE

136   Tierschutz-Hundeverordnung
      (Auszug)

140   Der Autor

141   Register

143   Impressum

WELPENERZIEHUNG HEUTE

In manchen älteren jagdkynologischen Veröffentlichungen ist zu lesen: „Die Ausbildung des Junghundes beginnt schon im Alter von fünf bis sechs Monaten. Schon im Alter von vier bis fünf Monaten gewöhnt man den Junghund an Halsung und Leine …"

Diese Aussage ist nach neueren Erkenntnissen unverantwortlich. Wer noch heute danach verfährt, lässt die entscheidenden Wochen der Lernbereitschaft des Welpen ungenutzt – und vergeudet dessen Jugendzeit! Denn wie für den Menschen gilt auch für den Hund: „Was Hänschen nicht lernt, lernt Hans nimmermehr."

FRÜH ÜBT SICH

Sehen wir uns doch einfach einmal in der Natur um – bei den Caniden, den hundeartigen Prädatoren. Deren Nachwuchs muss mit sechs bis neun Monaten schon eine derartige Selbstständigkeit erlangt haben, dass ihnen das Leben, das Überleben in der Natur möglich ist.

Caniden sind früh selbstständig: Diese Füchslein werden mit etwa vier Monaten gelernt haben, was es zum Überleben ohne Elterntiere braucht.

Ab der achten Lebenswoche übernimmt der Vaterrüde Aufgaben. Er spielt mit den Welpen, erzieht sie aber auch.

SOZIALISIERUNGSPHASE –
DAS LERNEN BEGINNT

Lehrmeisterin ist zunächst die Mutterhündin. Zu Beginn der Sozialisierungsphase, also ab der 8. Lebenswoche, tritt das Vatertier, der Rüde, hinzu und übernimmt einen Großteil der Erziehung. Er spielt ausgiebig mit den Welpen, animiert sie zur Verfolgung und lässt sich nach einiger Zeit stets fangen. Lernen durch Erfolg heißt die Devise! Diese Art Meute-/Beutespiele sind ideale Vorübungen für das spätere gemeinsame Jagen.

Der Rüde setzt aber auch Grenzen, die die Welpen einzuhalten haben und die regelmäßig konsequent durchgesetzt werden. Wer diese Tabus verletzt, wird zum Beispiel durch Ignorieren, Knurren oder den „Über-den-Fang-Biss" gestraft. Gleichwohl erproben die Welpen die Konsequenz des Rüden mehrmals, bis sie schließlich feststellen müssen, dass dies keinen Sinn hat. Anschließend folgen Anhänglichkeitsbezeugungen gegenüber dem Vatertier. Aus eben diesen Meute-/Beutespielen mit Grenzen, die von den Welpen nicht übertreten werden dürfen, entwickeln sich notwendige soziale Verhaltensweisen – vor allem aber entsteht auch eine Partnerschaft, eine Vertrauensbasis zu den Elterntieren.

WEICHENSTELLUNG
ZUR RECHTEN ZEIT!

Bei unseren Hunden ist diese Sozialisierungsphase auch der Zeitpunkt, an dem wir Menschen den Platz der Elterntiere einnehmen müssen. Von nun an sind wir die Lehrmeister! Dabei ist es unsere Aufgabe, das Lernen aus dem Spiel mit dem Welpen heraus zu entwickeln und es vor allem – soweit möglich – lustbetont zu gestalten. Auch wir müssen Grenzen und Tabus setzen. Diese Grenzen kann der Welpe nicht nachvollziehen, er muss sie einfach akzeptieren lernen wie in der Hundefamilie auch. Und wir müssen stets konsequent bleiben: Konsequenz ist überhaupt die wichtigste Grundlage jeder Hundeausbildung!

Es ist ganz entscheidend, die Lernbereitschaft, ja die „Lernbegierigkeit" unseres Welpen bis zur 16. Lebenswoche richtig zu nutzen, seine Anlagen zu fördern, ihn vor allem an seine späteren jagdlichen Aufgaben heranzuführen, jagdlich zu prägen also. Nur wenn wir das tun und danach, also ab dem 5. Monat, eine konsequente Grundausbildung anschließen (vgl. Markmann: Vom Welpen zum Jagdhelfer. 2023, KOSMOS), werden wir einen künftigen Jagdhelfer erhalten, der durchaus in der Lage sein kann, schon mit neun Monaten seine jagdliche

Brauchbarkeit nach den jeweiligen Landesregulungen unter Beweis zu stellen.

Sinn und Zweck dieses Buches soll es sein, Ihnen eine Anleitung an die Hand zu geben, wie Sie die wichtigsten acht Wochen im Leben Ihres Welpen richtig nutzen können – den Zeitraum von etwa der 8. bis zum Ende der 16. Lebenswoche also. Dabei sind die Anregungen und Tipps dieses Buches nur beispielhaft, gleichwohl aber wesentlich. Ihnen muss auch klar sein, dass Sie viel, viel Zeit, Geduld, Ausdauer und vor allem Einfühlungsvermögen beim Umgang mit Ihrem Hund brauchen werden. Es wird Höhen und Tiefen geben. Aber die Freude an Ihrem Welpen wird überwiegen. Und Sie werden staunen, was Ihr Welpe, Ihr künftiger Jagdhelfer, am Ende der 16. Lebenswoche schon alles kann – auch wenn das Meiste natürlich noch nicht richtig „sitzt".

Ich wünsche Ihnen mit Ihrem Welpen viel Freude und bei der Früherziehung, Anlagenförderung und jagdlichen Prägung viel Erfolg.

ZEHN BITTEN EINES HUNDES AN DEN MENSCHEN

Bei den Arbeiten zu diesem Buch fiel mir jüngst eine Ausgabe von „UH – Unsere Hunde", dem Verbandsorgan des Österreichischen Kynologenverbandes, wieder in die Hände. In dieser schon etwas älteren Ausgabe fand ich die im Kasten wiedergegebenen „Zehn Bitten eines Hundes an den Menschen".

Ich halte diese Bitten im Verhältnis zwischen Hund und Mensch für so wegweisend, dass ich sie in diesem Buch voranstellen möchte. Diese Bitten, deren eine oder andere ich geringfügig ergänzt habe, sprechen für sich. Sind diese Bitten vielleicht zu viel verlangt? Ich meine nein! Wir sind es unseren treuesten Gefährten schuldig, sie zu erfüllen.

Hans-Jürgen Markmann

ZEHN BITTEN EINES HUNDES AN DEN MENSCHEN

1. Mein Leben dauert etwa 10 bis 15 Jahre. Jede Trennung von dir bedeutet für mich Leiden. Bedenke dies, bevor du mich anschaffst.
2. Gib mir Zeit zu verstehen, was du von mir verlangst.
3. Setzte Vertrauen in mich – ich lebe davon.
4. Zürne mir nie lange und sperre mich zur Strafe nicht ein! Du hast deine Arbeit, dein Vergnügen und deine Freunde – ich aber habe nur dich.
5. Sprich viel mit mir. Wenn ich auch deine Worte nicht verstehe, so doch deine Stimme, die sich an mich wendet.
6. Wisse, wie immer an mir gehandelt wird – ich vergesse es nie.
7. Bedenke, wenn du mich gar schlagen willst, dass meine Kiefer mit Leichtigkeit die Knöchelchen deiner Hand zerquetschen könnten, dass ich aber keinen Gebrauch von ihnen mache.
8. Ehe du mich bei der Arbeit unwillig schiltst, bockig oder faul, bedenke: Vielleicht plagt mich ungeeignetes Futter, vielleicht war ich der Sonne zu lange ausgesetzt oder vielleicht habe ich ein verbrauchtes Herz.
9. Kümmere dich um mich, wenn ich alt werde – auch du wirst einmal alt sein.
10. Geh jeden schweren Gang mit mir. Sage nie: „Ich kann so etwas nicht sehen" oder „Es soll in meiner Abwesenheit geschehen". Alles ist leichter für mich mit dir, auch mein letzter Gang.

Der Umgang mit Welpen erfordert Feingefühl – sie haben nur uns Menschen!

VOM WOLF
ZUM HEUTIGEN
JAGDGEFÄHRTEN

ISEGRIMS DOMESTIKATION

Bisher ging man davon aus, dass Urvater aller Hunde der Wolf ist. Dessen Domestikation, die Zähmung vom Wildtier zum Haustier Hund, begann gegen Ende der Steinzeit – vor mindestens 15 000 bis 10 000 Jahren.

WANN UND WIE – DIE THEORIEN

Nach dem Wolfsforscher Erik Zimen sollen die Frauen der Steinzeitmenschen die Domestikation eingeleitet haben, indem sie junge Wölfe in der Kinderpflege einsetzten, beispielsweise als Bewacher, insbesondere aber zum Kotfressen und Sauberlecken ihrer Babys. Anders sieht es Konrad Lorenz: Er meint, dass es die Steinzeitjäger waren, die zuerst mit Wölfen bei der Jagd zum Nutzen aller gemeinsame Sache machten.

In jüngster Zeit aber sind Wolfsforscher insbesondere durch Genstudien teils zu anderen Erkenntnissen gelangt. Danach ist und bleibt Urvater all unserer Hunde zwar der Wolf *(Canis lupus)* – darüber sind sich alle Wolfsforscher einig. Ob aber der Mensch jemals den Wolf aktiv domestiziert oder der Wolf dies „selbst" getan hat, indem er sich zum Beispiel dem Menschen „anschloss", ist unklar. „Ebenso unklar sind die Zeit und der genaue Ablauf", schreibt der Wolfsforscher Erik Axelsson.

„VERBÜNDETE"

Die Entdeckung von sterblichen Überresten von Wölfen in den von Menschen bewohnten Gebieten Europas datiert etwa 40 000 Jahre zurück, meinen einige Wolfsforscher. In dieser Zeit war der Mensch noch nicht sesshaft, ernährte sich von der Jagd und folgte den Wildtieren auf deren Wanderungen.

Urahn Wolf: Sein Erbe blieb vor allem in unseren Jagdhundrassen erhalten.

Das ausgeprägte Sozialverhalten des Wolfes ist auch für unsere Jagdhunde kennzeichnend. An die Stelle des Wolfsrudels tritt bei ihnen die Mensch-Hund-Meute.

Unter anderem führten klimatische Veränderungen zum Aussterben großer Wildarten wie Mammut und Bison. Der Rückgang des Wildangebots veranlasste den Menschen, neue Waffen zu erfinden, seine Jagdtechniken anzupassen und zu verbessern. Er stand dabei im Wettbewerb mit den Wölfen, die sich von derselben Jagdbeute ernährten. Der Mensch musste so den Wolf zu seinem Verbündeten bei der Jagd machen, indem er zum ersten Mal versuchte, ein Tier zu zähmen, lange bevor er selbst sesshaft wurde, Vieh züchtete und Getreide anbaute. Der primitive Hund war also in erster Linie ein Jagdhund, mit Sicherheit aber auch ein Abfallbeseitiger.

DIE AHNEN DES HUNDES PASSEN SICH AN

Als sich Wölfe zu Haustieren im engeren Sinn entwickelten, gewöhnten sich die frühen Hunde an eine neue Ernährungsweise. Von jetzt an stand vermehrt Stärke auf dem Speiseplan. Damit passten sich die Hunde den Menschen an. Diese aßen – in Form von Getreideprodukten – ebenfalls viel Stärke, nachdem sie sesshaft geworden waren und mit der Landwirtschaft begonnen hatten.

Statt ständig Beutetiere zu jagen, konnten die Hunde nun von Essensresten leben, die Menschen in der Nähe ihrer Lager und Behausungen liegen ließen. Diese Bequemlichkeit könnte sogar ein Grund dafür gewesen sein, dass sich Mensch und Wolf überhaupt annäherten. „Die Fähigkeit, mit einer stärkereicheren Kost zurechtzukommen, stellte einen bedeutenden Schritt in der frühen Domestikation des Hundes dar", schreiben Forscher um Erik Axelsson von der schwedischen Universität Uppsala.

DER BEGINN IST UNKLAR

Die Auswertung einer neueren Genstudie aus dem Jahre 2002 ergibt ein mutmaßliches Alter des Haushundes von rund 15 000 Jah-

Höhlenmalereien belegen, dass Mensch und Wolf beziehungsweise erste Hunde schon in Gemeinschaft jagten.

ren. Für dieses Alter sprechen ebenfalls die Datierungen bisheriger archäologischer Funde, die sich in ein Zeitfenster von rund 13 000 bis 17 000 Jahren einordnen lassen. Im Jahre 1914 legten zum Beispiel Arbeiter im heutigen Bonner Ortsteil Oberkassel ein Grab in Oberkassel frei, in dem ein Mann, eine Frau und ein Hund zusammen bestattet worden waren. Das Grab geht auf das Paläolithikum zurück, ist also rund 14 000 Jahre alt. Funde im Nahen Osten, die auf Hunde hinweisen, wurden auf ein Alter von 10 000 bis 23 000 Jahre datiert. Weit vorher, bereits vor 100 000 Jahren, sollen erste genetische Unterschiede zwischen Wolf und Hund entsprechenden Untersuchungen zufolge bestanden haben.

Wann nun begann also die Entwicklung des Wolfs zum Hund? Bereits vor 100 000 Jah-

11

ren oder „erst" vor 10 000 Jahren? Nun – so genau weiß das bis heute niemand! Es gibt mehrere Theorien, die alle mehr oder weniger schlüssig klingen, und jede für sich beansprucht, mehr Beweise bieten zu können als die andere.

In historischer Zeit war der Wolf von Irland und Spanien über ganz Europa und Sibirien bis nach Japan verbreitet. Im Süden Eurasiens drang er bis nach Vorderindien vor, auch in Nord- und Mittelamerika war er vertreten. Die Domestikation kann also überall dort, wo der Mensch mit dem Wolf zusammentraf, zeitlich neben- und hintereinander stattgefunden haben. Ihr Beginn in Europa dürfte in die Zeit um 10 000 bis 8 000 vor unserer Zeitrechnung einzuordnen sein – für unsere heutigen Hunde hat diese Frage aber wohl keine Bedeutung.

DIE ERSTEN HUNDETYPEN

Um 4 000 bis 2 000 vor unserer Zeit hatten sich in Europa jedenfalls bereits fünf grundsätzliche Hundetypen herausgebildet (s. Infobox).

HUNDEGRUNDTYPEN EUROPAS

— (vor 4 000 bis 6 000 Jahren)
— Spitzhundtyp
— Doggentyp
— Windhundtyp
— Jagdhundtyp
— Schäferhundtyp

Aus diesen Grundtypen entwickelten sich im Laufe der Jahrtausende nach und nach verschiedene Rassen. Manche davon starben wieder aus, mit den „Nachfahren" der verbliebenen leben wir heute.

VOM „WAFFENERSATZ" ZUM SPEZIALISTEN

Der Hund war anfänglich mehr Haustier im eigentlichen Sinne. Er diente zum Beispiel als Bewacher, war aber auch eine wichtige Nahrungsquelle! Später wurde er auf jagdlichem Gebiet mehr und mehr zu einem unentbehrlichen Gehilfen.

Darstellung eines eingestellten Jagens mit Speeren und Hunden.

Die Entwicklung der jagdlichen Methoden war in allen geschichtlichen Epochen eng mit der Entwicklung des Jagdhundewesens verbunden und von dieser abhängig. Die unterschiedlichen Jagdtechniken richtete man stark nach der Verwendbarkeit der Hunde aus. Wenn auch sehr früh eine Vielzahl von Hundetypen bekannt war, die nach Beschreibungen und bildlichen Darstellungen gewisse Vergleiche mit heutigen Jagdhunderassen zulassen, sah ihre Abrichtung und Verwendung schon im Grundsatz völlig anders aus als in unserer Zeit. Denn die Schnelligkeit, Stärke und der Mut jener Hunde mussten die Mängel der primitiven Jagdwaffen früherer Zeiten ersetzen.

FRÜHE DIFFERENZIERUNG

So entwickelten sich auch bei den einzelnen Völkern sehr verschiedene Jagdmethoden. Die alten Ägypter führten zum Beispiel schon Hetz- und Treibjagden mit Hunden durch, wobei auch schon Netze und Jagdlappen Verwendung fanden. Die Hunde mussten also auf die unterschiedlichsten Jagdarten auch durch differenzierte Dressur spezialisiert werden.

War anfangs die Jagd mit Hunden über Tausende von Jahren Erwerbsform und Teil der Lebensgrundlage des Menschen, wurde sie bei uns insbesondere zu Zeiten Karls des Großen – Kaiserkrönung im Jahre 800 unserer Zeit – zum Selbstzweck: Aus der Jagd entstand nach und nach das Waidwerk. Dieser Prozess war über Jahrhunderte zweifelsohne auch von zum Teil grausamen, oft sadistischen Jagdmethoden geprägt, die insbesondere bei den Hofjagden Perfektion erlangten. Durch die Weiterentwicklung der Jagd erfuhr auch das Jagdhundewesen einen erheblichen Aufschwung. So ist zum Beispiel überliefert, dass Herzog Julius von Braunschweig im Jahre 1592 mit 600 Rüden zur Sauhatz an der Oberweser ausrückte.

URALTES THEMA – DER AUSBILDUNGSBEGINN

Hier weiter das Hundewesen nach dem Jahre 800 bis zum 20. Jahrhundert darzustellen und auf die Entstehung der Rassen, mit denen wir heute jagen, einzugehen, würde den Rahmen dieser Anleitung zur Früherziehung sprengen.

Interessant ist aber – und das möchte ich hier herausstellen –, dass sich einige Hundeleute schon Mitte des 18. Jahrhunderts darüber Gedanken machten, in welchem Alter man die Hunde für die Aufgaben der Jagd ausbilden sollte. So fordert VON HEPPE (1751) in seinem kynologischen Werk über die Ausbildung des „Leithundes", des Vorläufers des Hannoverschen Schweißhundes, dass man den Welpen „stets freundlich zuspräche" und sie „fleißig mit aller Geduld lieben" sollte. Auch vertrat er ferner die Auffassung, dass man den Welpen den Gebrauch der Nase schon im Alter von fünf bis sechs (!) Wochen lehren sollte, und zwar über eine Art Futterschleppe, wie wir sie heute auch kennen. Insoweit ist also die

Schon 1751 forderte Carl von Heppe in seiner Abhandlung einen liebevollen Umgang mit dem Jagdhund und dessen frühzeitige Schulung.

Die Früherziehung des Jagdhundwelpen ist heute eine Selbstverständlichkeit, in Ansätzen wurde sie aber auch schon vor langer Zeit empfohlen.

Früherziehung, wie wir sie heute verstehen, nicht nur eine Erfindung des 20. Jahrhunderts.

MANIPULATION DURCH DEN MENSCHEN

Domestikation bedeutet die Übernahme eines Wildtiers in den menschlichen Hausstand; sie stellt eine Manipulation des natürlichen Selektionsprozesses dar. Der Mensch verändert dabei die Umwelt des Wildtiers derart, dass für die natürliche Selektion wesentliche Eigenschaften an Bedeutung verlieren. Das Wildtier selbst wird durch züchterische Maßnahmen in gezielter Weise zum Nutzen des Menschen verändert, was insbesondere Modifikationen des Körperbaus und des Verhaltens bewirkt. So sind die sozialen Verhaltensweisen des Hundes durch seine starke Prägung auf den Menschen bestimmt: Der Hund braucht heute den Menschen – ja, er hängt unmittelbar von ihm ab.

JAGEN „AUF KOMMANDO"

Aber auch Jagdinstinkt und -verhalten des domestizierten Jagdhundes unterscheiden sich deutlich von denen des wilden Ahnen. Wölfe jagen bis hin zum starken Elch alle Tiere, die sie überwältigen können. Gejagt wird immer nur bei Hunger und nur zur Ernährung. Satt und nur „aus Lust" zu jagen, verbietet sich dem Wolf, denn Jagd bedeutet zunächst einmal Anstrengung und Energieverlust. Der steuernde Jagdtrieb des Wolfes sichert also sein Überleben.

Diesen angewölften Jagdtrieb haben wir Menschen beim Hund jedoch über Jahrtausende durch Zucht gefördert, erweitert und verfeinert. So jagen unsere Jagdhunde heute auf Kommando. Hunger ist grundsätzlich nicht mehr Voraussetzung zur Auslösung der Jagdpassion. Allerdings steigert er auch bei unseren Hunden zum Beispiel den Findewillen. Dies nutzen wir etwa bei der Arbeit auf der künstlichen Wundfährte, bei der wir immer mit nüchternem Hund antreten.

Wie für die Wölfe bedeutet Beute machen jedoch auch heute noch für unseren Hund, vom Urinstinkt Jagdtrieb gesteuert, das Rudel zu versorgen und zur Arterhaltung beizutragen. Sein Rudel ist inzwischen aber aufgrund jahrtausendelanger Prägung, die den Jäger zum Artgenossen machte, die „Mensch-Hund-Meute". Für sie „arbeitet" er – eine echte soziale Verhaltensweise.

DIE PARFORCE-DRESSUR

Die Parforce-Dressur versucht, „par force", mit Gewalt also – heute sagen wir „Zwang" –, den Hund zu einem vielseitig brauchbaren Jagdhelfer zu erziehen. Als Vertreter dieser in vielen Ausbildungsabschnitten rüden Methode gelten Carl Emil Diezel und „Oberländer".

Unter dem Pseudonym „Oberländer" publizierte der Fabrikant Carl Rehfus (1857–1927) das Buch „Die Dressur und Führung des Gebrauchshundes" erstmals 1894; es erschien zuletzt 1926 in der 10. Auflage. In diesem Werk stellt Oberländer eine schon erheblich abgemilderte Art der Parforce-Dressur vor, die wohl überwiegend auf den Forstbeamten und Jagdschriftsteller Carl Emil Diezel (1779–1860) und dessen Kapitel „Die Abrichtung des deutschen Vorstehhundes" in dem Buch „Erfahrungen auf dem Gebiet der Nieder-Jagd" von 1849 zurückgeht.

Symbolbild: Für den Jagdhund begann die Parforce-Dressur mit einem Jahr „Zwingerhaft".

OBERLÄNDER

Die Parforce-Dressur rechtfertigte Oberländer mit seiner Liebe zum Wild, dessen Qualen er, wenn es krank war, durch die harte Ausbildung des Hundes verringern wollte. Der Jagdhund musste schon immer in der Lage sein, in kürzester Zeit krankgeschossenes Wild zu stellen, abzuwürgen oder zu beuteln. Von diesem Standpunkt aus glaubte Oberländer, auch dem Hund und vierbeinigen Jagdhelfer im Interesse des kranken Tieres einiges an Härte zumuten zu können und zu müssen. Für ihn hatte schon damals die Arbeit nach dem Schuss Priorität. Gleichzeitig rückte aber bereits Oberländer von den noch härteren

Oberländer-Denkmal in Kehl am Rhein. Als „Oberländer" wurde Carl Rehfus (1857–1927) zu einem der bekanntesten Vertreter der zweifelhaften Parforce-Dressur des Jagdhundes.

Abrichtmethoden Diezels ab. Bei wichtigen Ausbildungsabschnitten verzichtete er sogar ganz auf Zwang und nutzte vielmehr die natürlichen Triebkräfte des Hundes, zum Beispiel bei der Wasserarbeit.

CARL EMIL DIEZEL

So „fortschrittlich" wie Oberländer war Carl Emil Diezel nicht: Er zog den Hund, der aus dem Wasser apportieren sollte, über zwei Leinen in das Gewässer hinein, dirigierte ihn über die Leinen an den Apportiergegenstand und hielt ihn dort so lange „schwimmend" an der Stelle, bis der Hund das Apportl gegriffen hatte!

APPORT BRUTAL

Aber Diezel propagierte auch noch härtere Methoden: Wollte der Hund das Apportierholz nicht freiwillig vom Boden aufnehmen, wurde er mit einer Kette so kurz angehängt, dass er sich nicht hinlegen konnte. Der Hund wurde für einige Stunden allein gelassen. Dann fährt Diezel wörtlich fort:

„Man macht dann den Versuch, ob er sich jetzt williger zeigt, indem man das diesen Tieren eigene, sehr gute Gedächtnis voraussetzend, ihm den Apportierbock ohne weitere Ansprache vorhält. Gibt jetzt der Hund nach und ergreift denselben, so muß er ihn bis an den Stall tragen, wo man ihn einige Zeit einschließt und dann füttert; versagt er aber wieder den Gehorsam, so entfernt man sich nochmals und bleibt die doppelte Zeit aus, welches Verfahren man unter immer längerem Ausbleiben so oft wiederholt, bis der Hund durch Hunger, Durst und seine unbequeme Lage gezwungen, endlich gehorcht. Sollte der Fall eintreten, daß diese Weigerung länger als einen Tag dauern würde ..."

Das Weitere erspare ich Leserinnen und Lesern. Dies ist nur ein Beispiel von vielen. Was damals unter Hundedressur verstanden wurde, war nach heutigem Verständnis reine Tierquälerei.

FÜR FRÜHERZIEHUNG

Aber Diezel war seiner Zeit auch voraus: In einzelnen Dressurabschnitten erwies er sich als schon fortschrittlich, ja erstaunlich mo-

---

MEHR SCHIKANE ALS „HUNDEAUSBILDUNG"

Dass es noch brutaler geht als bei Diezel, beweisen die sinnlosen und geradezu schikanösen Abrichtmethoden, die Georg Ludwig Hartig im „Lehrbuch für Jäger und die es werden wollen" von 1812 beschrieb. Hartig wurde vor allem als Forstmann und einer der Begründer der Nachhaltigkeit in Deutschland bekannt, galt aber auch als großer Waidmann. Im Kapitel „Vom Hühnerhunde und dessen Gebrauch" erfahren wir, welche fast akrobatischen Verrenkungen viele der damaligen Jäger beim Apportieren vom Jagdhund verlangten: „ ... wenn man den Hund nicht damit noch quälen will, daß er das Apportirte auf den Hinterläufen stehend, und mit dem Rücken nach dem Jäger gekehrt, überreichen soll." Hartig lehnt dies ab, freilich nicht nur aus Gründen des Tierschutzes, denn er fährt fort: „Gewöhnlich macht dieses unnütze Spielwerk dem Jäger und dem Hund mehr Mühe als alles Vorherige; und da die Hunde in der Folge zwar nicht das in die Höhe steigen, wohl aber das Umkehren vergessen, so springen sie dann dem Jäger mit den schmutzigen Vorderläufen auf die Brust und beschmutzen ihm die Kleider." Doch auch Hartig sieht in dieser Form des Ausgebens eine überflüssige Schinderei des Hundes: „Ich halte daher von dem sogenannten tourne-Machen nichts, und habe meine Hunde niemals mit dieser unnützen Kunst gequält."

---

dern, zum Beispiel das Alter des Hundes bei Beginn der „Dressur" betreffend. Dazu schrieb er:

„Über das für den Beginn der Dressur passende Alter gibt es beinahe ebenso viele Meinungen wie Jäger; doch kommen die meisten darin überein, daß der Hund nicht viel jünger als neun Monate sein und das zweite Jahr nicht überschritten haben dürfe. Wer sich allerdings mit englischen Hunden viel beschäftigt hat, wird es zweckmäßig gefunden haben, sie dadurch zu dressieren, daß er sie wie Kinder belehrt und mit dieser Belehrung beginnt, sobald der Welpe zeigt, daß er anfängt, irgendetwas aus eigenem Antriebe zu tun, was – außer dem Saugen – schon mit sechs Wochen geschieht. Auf solches instinktives Benehmen, zum Beispiel sich zu setzen, baue man den Lehrplan auf, gehe von dem, was der Hund selbst tat, zu anderen Dingen über, aber vergesse niemals, dem Zögling begreiflich zu machen, daß es sich um ernsten Unterricht handelt, daß eine Beschäftigung mit ihm keine Spielerei ist ..."

An anderer Stelle führt Diezel weiter aus:
„Gut ist es, wenn der festen Dressur eine einsichtsvolle Belehrung, gleichsam eine richtige Erziehung vorhergegangen ist, was freilich nur dann geschehen kann, wenn der Dresseur den zu dressierenden Hund schon als Welpe in seinen Besitz bekommen hat. Wie schon oben ausgeführt, sollen junge Hunde erst im Alter von neun bis zwölf Monaten in Dressur gegeben werden, und das ist auch dann sachgemäß, wenn man nicht in der Lage ist, einen sechs Wochen bis zwei Monate alten Welpen zu erziehen und zu belehren. Kann dies auf verständige Weise geschehen, so hat der Zögling im Alter von neun Monaten schon manches gründlich gelernt, was der ältere Hund im gleichen Alter erst lernen soll, und das ist doch entschieden ein großer Vorteil. Außerdem hat sich der junge Hund noch keine Untugenden angewöhnt, die der Dresseur später mit viel Mühe abstellen muss, und ferner sind sein körperliches Wachstum und auch sein

Carl Emil Diezel redete recht brutalen Methoden der Apportausbildung das Wort, war in manchen Punkten für seine Zeit aber auch schon recht fortschrittlich.

Verständnis ganz bedeutend gefördert worden."
Klingt hier nicht auch schon bei Diezel so etwas wie eine Art Früherziehung des Welpen an? Ich meine, man könnte es annehmen.

FÜR ARTGERECHTE UNTERBRINGUNG

Auch zur Unterbringung des Hundes, ob im Zwinger oder in der Wohnung – eine selbst heute noch unter Hundeleuten strittige Frage – vertrat er folgende, für seine Zeit „moderne" Auffassung:
„Zunächst bin ich ganz entschieden gegen das dauernde Einsperren junger Vorstehhunde im Stall oder in einem Zwinger und behaupte, daß es besser sei, sie tagsüber möglichst viel im Hause zu halten und sie dabei zu gesittetem Wesen zu erziehen. Diese Überzeugung glaube ich recht oft, und recht eindringlich aus-

sprechen zu müssen, denn, wenn man überhaupt wirklicher Hundefreund ist oder auf dem Lande lebt, können die kleinen Unannehmlichkeiten dieser Art Aufzucht mit den bedeutenden Vorteilen, die sie gewährt, keineswegs in Vergleich kommen. Der im Zwinger oder Stall, oder, was unverzeihlich ist, an der Kette aufgewachsene junge Hühnerhund hat immer etwas Scheues, Unfreundliches und Wildes an sich ...; kurz, es hält weit schwerer, ihn zur Ordnung zu bringen, als wenn er schon von Jugend auf mit den Menschen umgegangen ist, sie verstehen und auf jedes ihrer Worte achten gelernt hat. Ein auf diese letztere Weise erzogener Hund macht in allen Stücken, besonders aber im Gehorsam, weit schnellere Fortschritte und wird daher auch in einem weit kürzeren Zeitraume brauchbar und gut.“

GEGEN PAR FORCE OHNE SINN UND VERSTAND

Und selbst Diezel distanzierte sich von dem zu seiner Zeit geläufigen, unsinnigen Gebaren bei der Parforce-Dressur. Insbesondere sieht er Koralle und Peitsche, deren Einsatz damals üblich war, nicht mehr als normales Dressurmittel an, sondern nur noch als

Strafmittel in Fällen besonderer Art. Er schrieb dazu:

„Wie oft kommen Fälle vor, wo gar nicht darauf geachtet wird, ob der Hund schwer oder leicht begreift, ob er weich oder hart ist, ob er durch sein Verschulden gefehlt hat oder ob die Ursache des Fehlers im Verfahren des Lehrers lag. Leider wird nur zu oft ein mehrere Monate dauerndes Herumzerren des armen gequälten Zöglings an der Korallenleine, tägliches Aufhängen und Prügeln bis zur Bewusstlosigkeit für ‚feste Dressur‘ ausgegeben. Denn solch ein unsinniges Reißen, Peitschen, Prügeln oder gar Fußtreten soll man nicht unter ‚fester Dressur‘ vulgo ‚par force‘ verstehen; die Peitsche wie die Koralle sind nur Strafmittel in besonderen Fällen, wenn nämlich der Lehrmeister die Überzeugung gewonnen hat, dass der Hund absichtlich einen Fehler beging oder nicht gehorchte. Aber auch in solchen Fällen muss die Strafe zum Vergehen in richtigem Verhältnis stehen ...
Wer nicht völlig Herr über sich selbst ist und bei jedem Fehler des Hundes, oder, wenn dieser nicht schnell begreift, heftig wird, der unternehme ja nicht, zu dressieren, am allerwenigsten versuche er sich an weichen Hunden ...“

DER WANDEL SETZT EIN

Oberländer distanzierte sich in Teilen von den rüden Dressurmethoden, die Diezel trotz vorstehend geschilderter positiver Ansätze propagierte. Für die Verfechter der „Parforce-Dressur“, also der Zwangsdressur, ist Oberländer auch heute noch der große Meister.

ZWANG MIT DIFFERENZIERUNG

Was Oberländers Anhänger allerdings übersehen, ist, dass auch er schon vor mehr als 100 Jahren erkannt hatte: „Die ganze Kunst der Dressur und Führung besteht in der Erregung und Nutzbarmachung der Passion

Das Stachelhalsband nach Oberländer war ein Instrument der Parforce-Dressur.

des Hundes …" Zwang, genauer sogenannten direkten Zwang, setzt Oberländer stets nur ein, um Wirkung auf direktem Weg zu erzielen.

Autoren nach ihm gingen auf den indirekten Zwang über, bei dem das erwünschte Verhalten nicht mehr unmittelbar herbeigeführt wird. Vielmehr wird der Hund so unter Druck gesetzt, dass er das erwünschte Verhalten als einzigen Ausweg erkennt. Oberländer öffnet zum Beispiel mit beiden Händen den Fang des Hundes, um das Apportierholz hineinrollen zu lassen. Tabel, Most und andere spannen durch Drehen der Faust die Halsung so stark, dass dem Hund nichts anderes bleibt, als von sich aus den Fang zu öffnen. Ist dies geschehen, wird das Bringholz in den Fang geschoben und der Griff gelockert, sodass der Hund die Beendigung des indirekten Zwangs geradezu als angenehm empfindet.

Franz Granderath (1948) setzt auch einen gewissen Zwang ein. Dies aber erst am Ende der Hundeausbildung, denn durch Zwang will sich Granderath dem Hund nicht verständlich machen. Zwang ist für ihn nur ein Mittel zur Durchsetzung, wenn der Hund ein Kommando schon beherrscht, dieses aber ignoriert. Am Beginn der Ausbildung hingegen nutzt er die biologischen Bedürfnisse des Hundes, um das erwünschte Verhalten durch Animieren herbeizuführen.

FRÜHERER AUSBILDUNGSBEGINN

Während zu Zeiten von Diezel der Junghund grundsätzlich neun bis zwölf Monate fast „roh" blieb, im Zwinger versauerte und dort die lernbegierige Welpenzeit nutzlos verbrachte, um erst dann „par force" ausgebildet zu werden, begann nach Oberländer die Ausbildung des Junghundes „schon" mit fünf bis sechs Monaten. Denn Oberländer hatte bereits 1894 erkannt:

„… bin ich der Überzeugung, daß das erste Lebensjahr des jungen Hundes und die Ver-

hältnisse, unter welchen er es zurücklegt, nicht nur von großer Bedeutung, sondern daß sie weit wichtiger sind für seine Entwicklung, als die folgenden Lebensabschnitte … Es bedarf deshalb wohl kaum einer weitläufigen Begründung für die Behauptung, daß dieser Zeitabschnitt entscheidend ist für die ganze Zukunft des Hundes … Eine fehlerhafte, widersinnige Erziehung richtet den Hund für immer zu Grunde und kein Mittel ist mehr imstande, später wieder gutzumachen, was gesündigt zur Zeit des körperlichen und geistigen Wachstums."

Oberländer sprach sich in seinem Buch „Die Dressur und Führung des Gebrauchshundes" für differenzierten, indirekten Zwang und Frühzeihung aus.

MODERNE FRÜHERZIEHUNG

Dank der modernen Verhaltensforschung wissen wir heute – genauer seit mehr als 50 Jahren! –, dass wir bei der Förderung, Erziehung und Ausbildung unseres Hundes seine früheste und alle weiteren Entwicklungsphasen nutzen müssen und auf Zwang, wie ihn Oberländer verstand, getrost verzichten können.

LÄNGST BEKANNT UND OFT VERGESSEN

Vieles von dem, was die moderne Jagdkynologie über die notwendige Früherziehung unserer Jagdhunde weiß, ist so neu nicht und nicht erst Erkenntnis aus der 2. Hälfte der 1980er-Jahre, wie einige Autoren meinen.

DIE GEISTIGEN VÄTER DER FRÜHERZIEHUNG

Unser heutiges Wissen über die Welpenentwicklung und Früherziehung geht unter anderem zurück auf die Erkenntnisse von Konrad Lorenz, Erik Zimen und die amerikanischen Verhaltensforscher J. Paul Scott und Michael Fox. Maßgeblich sind insbesondere aber die Forschungsarbeiten von Eberhard Trumler, einem Schüler von Konrad Lorenz, deren Ergebnisse er erstmals 1974 veröffentlichte. Und auch schon vor ihm wiesen Rüdemänner, so zum Beispiel Franz Granderath (a. a. O.), darauf hin, dass mit der Ausbildung unserer Jagdhelfer bereits im Welpenalter begonnen werden solle. Bei von Heppe finden wir erste Hinweise schon im 18. Jahrhundert!

Den Nachahmungstrieb junger Hunde zu nutzen, wurde immer wieder auch schon in älterer Literatur empfohlen.

Der ausgeprägte Nachahmungstrieb des Welpen, den wir bei seiner Ausbildung nutzen müssen, war ebenfalls schon früher bekannt, wie man der jagdkynologischen Literatur vereinzelt entnehmen kann. Aber irgendwie gerieten viele dieser Erkenntnisse immer wieder in Vergessenheit.

WELPENTAGE SEIT DEN 1970ERN

Bereits Mitte der 1970er-Jahre gab es fortschrittliche Züchter, die ihre Welpen nur mit der Auflage verkauften, dass der Käufer mit seinem Hund an den von ihnen organisierten Welpenspiel- und -lerntagen mit den Wurfgeschwistern teilnahm. Heute sind diese ungeheuer wichtigen Veranstaltungen für die Welpen fast schon eine Selbstverständlichkeit geworden. Hier lernen die jungen Hunde ebenso das soziale Verhalten untereinander, in der Hundemeute also, wie auch ihre Eingliederung in die Mensch-Hund-Meute.

DIE WELPENZEIT – DAS A UND O

Man kann es nicht oft genug betonen: Nicht die Erbanlagen sind häufig schuld am späteren Versagen mancher Hunde, sondern deren nicht richtig und sinnvoll genutzte Jugendzeit!
Nach den Erkenntnissen der Verhaltensforschung durchlebt ein Welpe vor allem in den ersten, etwa 16 Lebenswochen einen sensiblen Lern- und Reifeprozess, der gleichzeitig mit schnellem Wachstum einhergeht. Die Entwicklungsvorgänge dieser Zeit, die in erster Linie im Spiel mit etwa gleichaltrigen Artgenossen zustande kommen, müssen wir konsequent nutzen. Die angewölfte Neugier und Lernbereitschaft des Welpen in den ersten Lebenswochen sind die idealen Voraussetzungen, um seine Anlagen zu fördern und zu entwickeln, und dies den jeweiligen Stadien der Entwicklung entsprechend.

EBERHARD TRUMLERS ERKENNTNISSE

Eberhard Trumler (1974) stellt unter anderem fest: „Ein erwachsener Hund ist das Ergebnis des Zusammenwirkens von angeborenen Anlagen und den auf diese Anlagen einwirkenden Umwelteinflüssen. Beide, Anlagen wie Umwelteinflüsse, sind gleichermaßen entscheidend, wie ein Hund wird. Die schönste Ahnentafel hilft nichts, wenn ein Hund eine Jugendentwicklung unter ungünstigen Bedingungen durchgemacht hat, und ebenso wenig lässt sich an einer schlechten Veranlagung etwas ändern, wenn man ihm die besten Lebensbedingungen bietet." Neben den angewölften, das heißt genetisch verankerten jagdlichen Anlagen, ist für unseren späteren Jagdhelfer und seine jagdlichen Fähigkeiten also eine Jugendentwicklung unter günstigen Bedingungen ganz entscheidend. Diese Bedingungen müssen wir schaffen und sicherstellen – ist es doch in unserem Interesse, bald einen möglichst leistungsfähigen und voll brauchbaren Jagdhund zu haben.
Was der Welpe während seiner Entwicklung nicht lernt, kann er niemals mehr nachholen – so jedenfalls die Forschungsergeb-

Mit dem Welpen an Welpenspiel- und -lerntagen teilzunehmen, machten manche Züchter schon in den 1970er-Jahren ihren Hundekäufern zur Auflage.

*Moderne Früherziehung führt den überaus lern-
fähigen Welpen schon früh an seine späteren jagdlichen Aufgaben heran.*

Die Reizangel ermöglicht lustbetonte Übungen.

nisse von Trumler. Vertrat dies nicht auch
schon Oberländer …? Auf die einzelnen Entwicklungsphasen, die Eberhard Trumler aufgrund seiner Untersuchungen unterschied,
werden wir später noch näher eingehen.
Schon im selbstständigen Spiel innerhalb
der Gruppe lernen die Welpen ungeheuer
viel. Auch das gemeinsame Spielen mit den
Menschen, anderen Welpenbesitzern und
neuen Artgenossen müssen sie als erfreuliche Wechselbeziehung begreifen lernen.
Lob, Liebkosungen oder Futterbrocken
nach erwünschtem Verhalten prägen sich
dem Welpen dabei genauso ein wie zum
Beispiel ein sofortiger Spielabbruch bei
unerwünschten Verhaltensweisen.

KERNELEMENTE DER ERSTEN 16 WOCHEN

In aller Regel kommt der Welpe zu Beginn
der Sozialisierungsphase, also ab der 8. Woche, zu seinem künftigen Ausbilder und

Führer. Mit Einfühlungsvermögen, Geduld
und Ausdauer, durch tägliches Üben und
Wiederholen, durch Gewöhnung und Konsequenz also muss nun seine Förderung,
Erziehung und Ausbildung einsetzen. Nach
meiner Erfahrung ist es gerade für die Ausbildung des Jagdhundes entscheidend, ihn
bis etwa zur 16. Lebenswoche schon an all
die Aufgaben heranzuführen, die er später
hauptsächlich leisten muss. Diese Erfahrung wird insbesondere auch durch die
Forschungsergebnisse der beiden amerikanischen Verhaltensforscher J. Paul Scott
und Michael Fox bestätigt.

ERSTE LUSTBETONTE UND …
Über die Futterschleppe lernt der Welpe,
seine Nase zu gebrauchen und erfolgreich
einzusetzen. Bei den Vorübungen zum Bringen konfrontieren wir ihn mit kaltem Wild,
mit „scharfer, stechender" Wittrung von
beispielsweise Steinmarder, Iltis und Fuchs.
Greift der Welpe nicht nach dem Raubwild,
wird das Stück „lebendig". Der angewölfte

Beutetrieb und der Drang, etwas Lebendiges zu fassen, werden ihn losstürmen und das Stück greifen lassen.

Die Reiz-/Übungsangel verschafft dem jungen Hund nicht nur Bewegung, sondern animiert ihn gleichzeitig zum Hetzen, zum Greifen, zum Vorstehen und letztlich zum Ausgeben seiner Beute, was er also auch schon in diesem Alter lernen muss. Gerade das Ausgeben trägt besonders auch zur Herstellung und Festigung der richtigen Rangordnung zwischen Hund und Ausbilder bei.

… NICHT LUSTBETONTE ÜBUNGEN

Parallel zu diesen lustbetonten Übungen mit dem Ziel, die jagdlichen Anlagen zu wecken und zu fördern, finden auch schon die ersten Übungen statt, die für den Hund nicht lustbetont sind, wie die Leinenführigkeit und die Kommandos „Sitz", „Hier" und „Ablegen".

KONSEQUENZ

Eine der wichtigsten Voraussetzungen bei der Früherziehung, aber auch der weiteren Ausbildung des Jagdhundes ist unbedingt

Auch nicht lustbetonte Übungen wie „Sitz" gehören früh dazu.

Konsequenz. Der Hund lernt aus Erfahrung, was er tun soll und was er nicht darf. Das kann er nur, wenn wir auf bestimmte Verhaltensweisen immer gleich reagieren und ein erwünschtes Verhalten in jedem

Einen dieser beiden Welpen jetzt heranrufen zu wollen, wäre unsinnig und könnte nur mit einer „Pleite" enden.

Fall durchsetzen. Scheint dies manchmal unmöglich, verzichten wir lieber auf das Kommando (s. Kasten).

„VERANNEHMLICHEN" UND „VERUNANNEHMLICHEN"

Damit der Hund zwischen positiven und negativen Verhaltensweisen unterscheiden lernt, müssen wir ihm angenehm gestalten, also verannehmlichen, was er tun soll, unangenehm, also verunannehmlichen, was er nicht darf. Mit anderen Worten: Ein bestimmtes Verhalten des Hundes unmittelbar verstärken, entweder positiv, wenn es gewollt ist, oder aber negativ, wenn es nicht gewollt ist. Freundliche Worte, wobei der Tonfall entscheidend ist, Streicheln, Liebkosungen und Lieblingshappen gelten als Verannehmlichung, dagegen sind Worte in scharfem Tonfall wie das berühmte „Pfui" oder dosierte Zwangsmaßnahmen stets Verunannehmlichungen. Die jeweilige Art der Verstärker muss auf den jeweiligen „Charakter" des Hundes abgestimmt werden. Genügt bereits ein leichter Verstärker, wie es häufig bei leichtführigen Hündinnen der Fall ist, so ist der nächst stärkere zu meiden. Das Wichtigste aber ist und bleibt Konsequenz!

DIE WEITERE AUSBILDUNG

BINDUNG UND VERTRAUEN

Eine wichtige Voraussetzung für die erfolgreiche weitere Ausbildung des Junghundes etwa ab der 17. Woche ist insbesondere eine starke Bindung zwischen Führer und Hund, also gegenseitiges restloses Vertrauen. Das bedingungslose Vertrauen zwischen Hund und Führer muss bereits und vor allem in der Welpenphase geschaffen werden. Der junge Hund braucht den festen Willen des Führers, seine überlegene Ruhe, seine Geduld und Ausdauer, insbesondere aber auch seine große Zuneigung.

Er muss auch von Anfang an zu der „Einsicht" gelangen, also verknüpfen, dass jeder Versuch, sich dem Willen des Führers nicht unterzuordnen und gar zu entziehen, völlig aussichtslos ist. Deshalb werden viele Übungen auch im Rahmen der späteren Grund-

„Verannehmlichen" kann durch Lob, Liebkosung oder auch hie und da mal ein „Leckerchen" geschehen.

Für den Welpen muss der Hundeführer alles sein: Spielkamerad, Vertrauensperson und Autorität.

ausbildung zunächst noch mit angeleintem Hund ausgeführt – der Wille des Führers muss für den Junghund insoweit unausweichlich sein.

GANZ OHNE „ZWANG" GEHT ES NICHT

Zwang bei der Ausbildung unserer Hunde nach Art und Umfang, wie ihn Oberländer verstand und beschrieb, brauchen wir heute durch die Frühest- und Früherziehung unserer Hunde nicht mehr. Während des Lernens einer Übung bis hin zum Beherrschen darf niemals starker Zwang ausgeübt werden – es genügt meist Konsequenz. Denn Grundlage jeder Ausbildung ist Gewöhnung. Stetes Wiederholen führt dazu. Der Verzicht auf starken Zwang ist vor allem bei der Früherziehung des Welpen ein Muss! Vollkommen ohne Zwang, sei er nun direkt oder indirekt, kommen wir aber insbesondere bei den Übungen und Fächern, die für den Hund nicht lustbetont sind, auch nicht aus. Angenehm sind unserem Hund näm-

lich meist nur die Übungen, die seinem natürlichen Trieb entsprechen. Wir müssen also je nach Art der Übung teils mit keinem, teils mit geringem, teils auch mit starkem Widerstand des Hundes rechnen, insbesondere wenn es sich um einen selbstbewussten und selbstsicheren Welpen handelt. Unter

Auch in Caniden-Familien selbst geht es nicht immer zimperlich zu.

Der Griff über den Fang ist eine Möglichkeit der dosierten „Maßregelung" des Welpen.

dosiertem Zwang verstehen wir dabei alle Maßnahmen, die der Durchsetzung eines Verhaltens gegen den Widerstand des Hundes dienen.

DURCHSETZUNGSMASSNAHMEN – SCHWACH UND ANGEPASST

Bei der Welpenfrüherziehung kommen aber nur schwache Zwangsmaßnahmen, wie zum Beispiel der leichte Druck auf die Hinterhand, der Druck auf die Lefzen oder der „Über-den-Fang-Griff", zum Einsatz, beim älteren Hund auch stärkere wie ein bremsendes Rucken an der Halsung.
Dabei ist die Dosierung des Zwangs, ob leicht, mittel oder stark, allein abhängig vom Alter und individuellen „Charakter" des Hundes, wobei Hündinnen regelmäßig leichtführiger sind als Rüden und demzu-

folge bei ihnen häufig schon ein scharfer Tonfall genügt. Ausgesprochen harte Hunde und vor allem Kopfhunde versuchen insbesondere während der Pubertät nicht selten, bei den kleinsten Schwächen des Führers die Rangordnung in der Zweiermeute „Mensch-Hund" immer wieder zu ihren Gunsten zu verändern. Hier bedarf es schon bei der Grundausbildung hin und wieder auch einmal stärkeren Zwangs, um zum Beispiel ein verstandenes Kommando durchzusetzen und damit gleichzeitig die Rangordnung wieder zurechtzurücken.

„HALT – VORWÄRTS"
Erst bei älteren Hunden wende ich mit Erfolg insbesondere auch das „Halt – Vorwärts" immer dann an, wenn der Hund eine Übung schon beherrscht und das Kommando verstanden hat, die Umsetzung aber – aus welchen Gründen auch immer – verweigert. Diese unnatürliche Übung, ein Vorwärtsbewegen des Hundes, ohne sich dabei aufzurichten, ein Kriechen also, wirkt stark auf den Hund ein und beeindruckt ihn nachhaltig. Diese Art Zwang ist für ihn nicht nur unangenehm, sondern strengt ihn auch an. Gleichwohl wird meist das Vertrauensverhältnis zwischen Hund und Führer dann nicht gestört, wenn der Hund diese Übung erst einmal beherrscht. Folgt zum Beispiel der Hund nach dem Ablegen dem Führer, so geht es mit „Halt – Vorwärts" zurück zum Liegeplatz. Nach ein- bis zweimaligem Wiederholen hat auch ein „harter" Hund begriffen, dass er bei „Ablegen – Bleib" so lange auf seinem Platz liegen zu bleiben hat, bis der Führer zu ihm zurückkehrt. Diese Übung verbietet sich freilich bei Welpen.

BRINGEN-MÜSSEN STATT ZWANGSAPPORT
Bei der Frage nach dem Einsatz von Zwang beim Apportieren gehen die Meinungen nach der richtigen Methode auch heute

Beim Welpen geht es nicht um perfekten Apport, sondern um freudiges und freiwilliges Bringen.

noch auseinander. Lange vertrat die Mehrheit der Rüdemänner als richtige Methode den Zwangsapport nach Oberländer. Ich habe alle meine Hunde ohne diesen starken Zwang nach der Methode des „Bringen-Müssens" ausgebildet (vgl. Markmann, „Vom Welpen zum Jagdhelfer", KOSMOS 2023). Sie waren alle gute Apporteure, gute Verlorenbringer.

Der Grundstein für den Erfolg dieser Methode wird auch hier im Welpenalter gelegt: Am Anfang muss das Erlebnis des Welpen mit kaltem Wild, der dadurch geweckte Beutetrieb und ein freudiges, freiwilliges Bringen stehen. Das Bringen-Müssen lernt der Hund dann später unter anderem auf der Führerrückfährte, auf Wegen und Schneisen beispielsweise, und später abseits davon, indem er unauffällig ausgelegte Bringgegenstände, später auch Wild, auf der Rückfährte sucht und bringt. Außerdem auch bei der „Frei-Verlorensuche", bei der der Hund in der Dickung ausgelegtes Wild finden und bringen muss, oder mithilfe eines Dummy-Abschussgeräts, das den Hund die „Beute" fliegen und fallen sehen lässt. Der Hund lernt so, dass er nach dem Kommando „Such verloren – Apport!" bei ausdauernder Suche stets etwas findet und zu bringen hat.

Leichter Druck auf die Hinterhand zeigt dem Welpen, was er bei „Sitz" tun soll. Streng genommen ist auch das leichter Zwang.

HUNDEAUSBILDUNG UND TIERSCHUTZ

Die Einstellung des Menschen zum Tier hat sich seit Oberländer erheblich zugunsten des Tieres gewandelt. Tiere, also auch unsere Hunde, sind heute keine Sache mehr, sondern Mitgeschöpfe, die durch Gesetze, unter anderem durch das Tierschutzgesetz (in der Fassung der Bekanntmachung vom 18. Mai 2006 einschließlich Änderungen vom 20. Dezember 2022 und 17. August 2023) geschützt sind.

Nach dem Grundsatz dieses Gesetzes darf niemand einem Tier ohne vernünftigen Grund Schmerzen, Leiden oder Schäden zufügen. Unter anderem sind auch die Ausbildung oder das Training eines Tieres verboten, wenn damit erhebliche Schmerzen, Leiden oder Schäden für das betroffene Tier verbunden sind (siehe Info-Kasten).

ZWANG NUR WOHLDOSIERT

Zwang, den wir heute bei der Ausbildung des einen oder anderen Hundes gelegentlich einsetzen (müssen), darf nie zu erheblichen Schmerzen oder gar zu Leiden oder Schäden des Hundes führen. Wir können doch nur mit einem gesunden und gut ausgebildeten, brauchbaren Hund jagen. Schon insoweit werden wir den Zwang bei der Ausbildung nicht übertreiben, sondern – falls überhaupt erforderlich – wohldosiert einsetzen.

Wenn die deutschen Jagdgesetze den brauchbaren Jagdhund fordern und die Ausbildung des Hundes zu dieser Brauchbarkeit den Einsatz gelegentlichen, dosierten Zwangs notwendig macht, so ist darin ein triftiger Grund im Sinne des Grundsatzes des Tierschutzgesetzes zu sehen, denn: ohne Zwang keine Brauchbarkeit. Da dosierter Zwang auch keine erheblichen, sondern nur kurzfristig und geringfügige Schmerzen verursacht, muss er bei der Ausbildung des Hundes auch unter Berücksichtigung des Tierschutzgesetzes rechtlich zulässig sein.

Doch selbstverständlich ist auch die Jagdhundausbildung dem Tierschutzgesetz verpflichtet: Zwangsmethoden, wie sie beispielsweise von Diezel, aber auch anderen Vertretern einer gnadenlosen Parforce-Dressur überliefert sind, können nach heutiger Einschätzung weder als „unerheblich" eingestuft werden, noch liegt zu ihrer Anwendung ein „vernünftiger Grund" vor. Sie fielen heute also schlicht und einfach unter der Tatbestand der Tierquälerei.

Und dass es nämlich auch ganz anders und weit besser geht, haben uns die Erkenntnisse kynologischer und jagdkynologischer Forschung der letzten Jahrzehnte längst gezeigt.

WELPENAUSWAHL UND -HALTUNG

DIE QUAL DER WAHL

Sie haben sich für die Jagd mit Hund entschieden. Dazu ein herzliches Waidmannsheil und ein kräftiges Ho-Rüd-Ho! Sie sind sich sicher bewusst, dass die Partnerschaft mit einem Hund in der Regel zehn bis zwölf Jahre, vielleicht auch länger dauert.

In diesen Jahren gibt es Freud und Leid, und dies vor allem bei der Aufzucht eines Welpen. Dessen Früherziehung, die Anlagenförderung und die jagdliche Prägung kosten Zeit, viel Zeit und nochmals Zeit, und fordern noch mehr Geduld und Einfühlungsvermögen, insbesondere in der Eingewöhnungsphase. Der Hund beansprucht täglich zumindest zwei bis drei Stunden Ihrer Zeit und kostet Jahr für Jahr nicht gerade wenig Geld: Ausstattung, Nahrung, Hundesteuer, Tierarzt usw. müssen bezahlt werden. Und wenn Sie dies einmal auf zehn Jahre hochrechnen, landen Sie am Ende bei einer ganz bemerkenswerten Summe. Also – überlegen Sie es sich noch einmal! Ich bin mir sicher, Sie bleiben trotzdem bei Ihrer Entscheidung. Recht so!

RASSE UND ZÜCHTER

Trotz aller Vorfreude überstürzen Sie nichts, lassen Sie sich Zeit, sowohl bei der Wahl der Rasse, als auch ganz besonders bei der Auswahl des Zwingers, also des Züchters. Denn da gibt es selbst heute noch große Unterschiede, insbesondere bei der artgerechten Aufzucht der Welpen. Ihr Züchter sollte verantwortungsbewusst, fortschrittlich, ja ein Mensch sein, der Ihren Welpen mit Sorgfalt und Liebe aufgezogen, versorgt, sozialisiert, geliebt und verwöhnt hat.

TIPP
Welpenaufzucht bedeutet heute mehr, als die Welpen nur fressen und trinken zu lassen. Ihren Züchter sollten Sie auch danach auswählen, was er darüber hinaus mit seinen Welpen macht oder schon gemacht hat. Fragen Sie ruhig ganz gezielt nach!

Wie er sich mit Ihrem Hund vor der Abgabe, vor allem also in der Übergangs- und der Sozialisierungsphase idealerweise beschäftigt hat, werden wir auf S. 51 ff. genauer erfahren. Es mag vielleicht unwahrscheinlich klingen, aber – Züchter wie dort beschrieben, gibt es wirklich!

Zu einem Feld-Wald-Revier passt ein Vorstehhund, sofern Niederwildjagd dort noch eine Rolle spielt.

Besuchen Sie den Züchter Ihrer Wahl frühzeitig und stellen Sie Körperkontakt zu den Welpen her.

ENTSCHEIDEND: DIE EINSATZMÖGLICHKEITEN

Alle unsere Jagdhundrassen werden auf Leistung gezüchtet. Welche Rasse Sie favorisieren, hängt deshalb in erster Linie von den künftigen Einsatzmöglichkeiten des Hundes ab. Für ein Feld-Wald-Revier zum Beispiel würde ich regelmäßig auf eine große Vorstehhundrasse mit übersehbaren Zuchtlinien zurückgreifen. Bedenken Sie aber auch, dass Rebhuhn, Fasan und vielerorts auch der Feldhase stark zurückgegangen sind und weiter abnehmen, und damit auch der klassischen Einsatzbereich des Vorstehhundes, die Niederwildjagd, an Bedeutung verliert. Die Rasse, die Sie wählen, sollte deshalb auch gute Leistungen auf anderen Gebieten, vor allem bei der Arbeit nach dem Schuss, bringen. Wenn Sie vorwiegend im Wald auf Schalenwild jagen und dies auch bei herbstlichen Drückjagden tun, kommt für Sie vielleicht eher eine Stöberhundrasse in Betracht.

BERATUNG DURCH EXPERTEN

Für welche Rasse auch immer Sie sich entscheiden: Es empfiehlt sich, zunächst Kontakt mit dem entsprechenden Zuchtverein beziehungsweise dem Jagdgebrauchshundverband aufzunehmen und sich dort Rat über geeignete und bewährte Zwinger mit jagdlicher Leistungszucht zu holen. Denn eine gute Veranlagung sollte der Welpe schon mitbringen.

KONTAKTAUFNAHME UND ZÜCHTERBESUCHE

Stehen dann der Zwinger und damit auch der Züchter fest, so setzen Sie sich mit diesem spätestens in der Prägungsphase (s. S. 51 ff.) des Welpen, also ab der 4. Woche in Verbindung. Die meisten Züchter haben hierfür nicht nur volles Verständnis, sondern werten dies als ein Zeichen, dass Sie es wirklich ernst meinen.

Suchen Sie den Züchter und seine Welpen frühzeitig auf. Denn Sie sollten mit Ihrem zukünftigen Vierbeiner so früh wie möglich – und wann immer es der Züchter erlaubt – Berührungskontakt herstellen. Ich kann es nur wiederholen: Gerade in der Prägungsphase ist es wichtig, dass die Welpen Gelegenheit haben, mit vielen Menschen täglich Hautkontakt zu bekommen. Nur so erhalten wir Hunde, die auf den Menschen geprägt und auch gegenüber fremden Menschen ohne Scheu sind.

Dass unter diesen Kontaktpersonen so früh wie möglich auch der spätere Führer sein sollte, ist wohl naheliegend und bedarf keiner weiteren Ausführung.

WELPENAUSWAHL

Dass Sie sich Ihren Welpen selbst aussuchen, muss wohl nicht eigens betont werden. Aber wie? Nach welchen Auswahlkriterien? Worauf sollte man besonders achten? Die Rangordnung innerhalb der Welpenmeute ist etwa am Ende der 7. Lebenswoche so gut wie abgeschlossen (vgl. Tab. S. 61). Ausgrenzen sollte der wenig erfahrene Hundeführer von Anfang an den ranghöchsten und den rangniedrigsten Welpen. Denn mit beiden kann es zumindest für einen Erstlingsführer bei der Anleitung und Ausbildung Schwierigkeiten geben. Dies gilt vor allem für den dominanten Welpen, der häufig ein Kopfhund wird und immer wieder an der Rangordnung in der Zweiergemeinschaft Mensch/Hund rütteln wird.

STELLUNG IN DER WELPENMEUTE

Sie müssen also feststellen, in welcher Rangordnung die Welpen zueinander bzw. untereinander stehen. Die Verhaltensforschung hat eine Reihe von Tests entwickelt, mittels derer die Stellung des einzelnen Welpen in der Rangordnung festgestellt werden soll. Sinn dieser Tests ist es zunächst, die beiden Welpen am Kopf und am Ende der Rangordnung zu ermitteln.

Eines muss klar gesagt werden: Bei der Anwendung dieser Tests zeigt sich immer wieder, dass es auch auf die jeweilige Tagesverfassung des einzelnen Welpen ankommt und man so täglich zu unterschiedlichen Ergebnissen gelangen kann. Die Auswahltests darf man deshalb nicht nur ein Mal, sondern muss sie mehrmals durchführen. Dafür dürften aber die meisten Züchter – meines Erachtens auch zu Recht – kein Verständnis zeigen. Erfahrene, engagierte Züchter, die sich jeden Tag mit der Welpenmeute beschäftigen und engen Kontakt mit ihnen pflegen, wissen genau, wo jeder Welpe in der Rangordnung der Meute steht! Also befragen Sie den Züchter, aber machen Sie sich selbst auch ein Bild.

NICHT DEN SONDERLING ...

So oft Sie können und es der Züchter zulässt, legen Sie mit der Welpenmeute eine

Nach etwa sieben Wochen haben die Welpen ihre Stellung innerhalb der Meute gefunden.

Spielstunde ein und beobachten den Wurf genau. Den Welpen, der sich von der Meute absondert, sich irgendwohin zurückzieht und/oder auf dem die übrige Meute „'rumhackt", grenzen Sie bei Ihrer Auswahl schon gleich aus. Diesem zurückhaltenden, scheuen Welpen fehlt in aller Regel das Selbstvertrauen, und er wäre später auch oft zu unterwürfig. Im schlimmsten Fall könnte daraus ein ängstlicher Hunde oder gar Angstbeißer werden.

… UND NICHT DEN „CHEF"

Ebenso sollten Sie nicht den Welpen auswählen, der sich zu selbstbewusst, ja selbstsicher zeigt, der sofort auf Sie zukommt, an den Schnürsenkeln Ihrer Schuhe zieht, in Ihre Hose beißt und sofort an Ihnen hochsteigt, wenn Sie sich hinhocken. Das ist nämlich häufig der Welpe, der im Wurf dominiert, ein geborener späterer Kopfhund also! Auch wenn gerade dieser Welpe durch sein Verhalten sofort Ihr Herz erobert hat, wählen Sie ihn nicht aus, es sei denn, Sie haben als Führer mit der Ausbildung dieser dominanten Hunde genügend Erfahrung.

Für die Jagd eignen sich solche selbstsicheren und selbstbewussten Hunde nach meiner Erfahrung häufig besonders gut, sie sind aber wesentlich schwieriger auszubilden. Von Anfang an muss ihr Führer und Ausbilder in der Rangordnung dominieren und jeden Versuch des Hundes, an dieser Rangordnung auch nur leicht zu rütteln, sofort und konsequent unterbinden. Ein unerfahrener oder gar Erstlingsführer ist damit in der Regel überfordert.

Aus dem Wurf suchen Sie sich nun den Welpen aus, der in der Rangordnung zwischen den beiden steht. Doch auch da gibt es noch genug – wie also?

Wie gesagt, vertrauen Sie vor allem dem Urteil des Züchters. Kleine Verhaltenstests können helfen, sich darüber hinaus ein eigenes Bild zu machen.

Sondert er sich immer ab, steht er tief im Rang und wird später vielleicht zu unterwürfig.

Einen forschen Draufgänger sollten unerfahrene Hundeführer in spe auch nicht wählen.

HILFSMITTEL VERHALTENSTESTS

Eines sei gleich vorausgeschickt: Die erwähnten Tests aus der Verhaltensforschung bedeuten für jeden Welpen, zumal für einen eher ängstlichen, erheblichen Stress! Deshalb sollten sie immer nur unter folgenden zwei Bedingungen durchgeführt werden:

— Die Atmosphäre muss entspannt sein.
— Die Tests dürfen nur in 1 : 1-Situationen und nicht inmitten der ganzen Welpengruppe stattfinden.

Alle Welpentests haben neben den vorstehend beschriebenen Ausgrenzungsmerkmalen übereinstimmend zwei weitere Schwerpunkte. Die sind

1. das Verhalten des Welpen, wenn er auf den Rücken gedreht wird, und
2. die Reaktion des Welpen, wenn er angehoben wird.

AUF DEN RÜCKEN DREHEN

Da Sie den ranghöchsten und rangniederen Welpen bereits ausgegrenzt haben, befassen Sie sich jetzt nur noch mit den anderen. Drehen Sie einen nach dem anderen auf den Rücken, halten ihn mit der Hand im Brustbereich fest und beobachten seine Reaktionen: Wehrt er sich mit aller Kraft, schnappt er vielleicht sogar nach Ihrer Hand, gibt er seinen Widerstand nicht auf, setzt er als Zeichen der Beschwichtigung sogar Urin ab, dann ist dies nicht Ihr Welpe. Leistet er zunächst Widerstand, lässt es sich dann aber trotz weiter angespanntem Körper gefallen und beruhigt sich nach einiger Zeit, so können Sie diesen Welpen schon mit in die engere Wahl nehmen, obwohl Sie damit rechnen müssen, dass auch er sich später hin und wieder auflehnen wird.

Wehrt sich der kleine Kerl nur im ersten Augenblick, um dann aber aufzugeben, sich zu entspannen und vielleicht sogar Ihre Hand zu lecken, dann haben Sie einen Welpen mit ausgeglichener Persönlichkeit und der Bereitschaft zu Unterordnung gefunden.

HOCHHEBEN

Heben Sie nun die Welpen der beiden letzten Kategorien einige Zentimeter vom Boden an, indem Sie mit beiden Händen unter den Brustkorb greifen und warten die Reaktion ab. Nach dem Grad, mit dem sich der Welpe gegen diese Behandlung wehrt, können Sie einschätzen, ob er Sie als Rudelführer anerkennt. Kämpft er dagegen an und wenn ja, mit welcher Intensität und wie lange, oder unterwirft er sich, tut also gar nichts oder versucht, Ihre Hand zu belecken? Ich kann Ihnen nur raten: Wählen Sie einen Welpen mit ausgeglichener Persönlichkeit, der sich beim zweiten Test unterwirft.

TIPP

Momentaufnahmen sagen auch wenig aus: Verhaltenstests hängen nicht zuletzt von der Tagesform des Welpen ab und machen nur Sinn, wenn sie mehrmals an verschiedenen Tagen durchgeführt werden. Und: Überbewerten Sie diese Hilfen nicht – das Urteil des erfahrenen Züchters kann kein Test ersetzen.

Dreht man einen Welpen auf den Rücken, sollte der sich bald entspannen.

Beutetrieb und Durchhaltevermögen sind Eigenschaften, die Ihr Welpe schon früh zeigen sollte.

WEITERE AUSWAHLKRITERIEN

Häufig entwickelt sich auch – meist spontan – eine besondere Beziehung zu einem der Welpen. Kommt dann noch hinzu, dass der, den Sie im Auge haben, zum Beispiel beim Spiel mit der Reiz-/Übungsangel den stärksten Vorwärts- und Beutetrieb, den längsten Durchstehwillen, ja die größte Passion zeigt, dann ist dies Ihr „Welpe". Gleichwohl müssen Sie sich darüber im Klaren sein, dass sich im Laufe der weiteren Entwicklung des Hundes doch noch einiges ändern kann. Ihr Welpe sollte auch plötzliche akustische und optische Überraschungen in möglichst kurzer Zeit überwinden. Je häufiger Sie in dieser Zeit Ihren Welpen besuchen, mit ihm und den anderen spielen und immer wieder Hautkontakt herstellen, desto schneller knüpft sich der Kontakt zwischen Hund und Mensch, die Bindung zwischen Ihnen und Ihrem Vierläufer, die bei der späteren Anleitung und Ausbildung so wichtig ist.

RÜDE ODER HÜNDIN?

Ob Sie nun einen Rüden oder eine Hündin bevorzugen, ist letztlich für die Jagd ohne wesentliche Bedeutung. Jagdlich veranlagt sind beide grundsätzlich in gleichem Maße. Ein Rüde ist in der Regel größer und kräftiger als eine Hündin gleicher Rasse. Ihm fällt es deshalb rein körperlich natürlich leichter, zum Beispiel einen fünf bis sechs Kilogramm schweren Fuchs zu apportieren. Eine Hündin ist dagegen im Allgemeinen leichtführiger als ein Rüde, also häufig auch einfacher zu erziehen, nicht selten aber auch deutlich sensibler, worauf man sich bei der Anleitung und Ausbildung einstellen muss. Es kann mitunter anstrengender sein, einen sehr feinfühligen Hund auszubilden als ein „Raubein", das auch mal etwas einstecken kann. Ersterer Hund verlangt noch mehr Beherrschung und Selbstkontrolle vom Führer.

TIPP

Der „Nachteil" einer Hündin kann vielleicht die Hitze sein, wenn man dies so sehen mag. Sie tritt zwei Mal jährlich auf und bringt mitunter den Ausbildungsplan etwas durcheinander oder kollidiert später vielleicht auch mit Prüfungsterminen.

VERHALTENSGERECHTE UNTERBRINGUNG

Hunde müssen ihrer Art und ihren Bedürfnissen entsprechend angemessen gehalten werden. So fordert es das Tierschutzgesetz. Über die verhaltensgerechte Unterbringung des Hundes besteht aber seit jeher eine wohl nie endende Meinungsverschiedenheit.

Im Wortlaut fordert § 2 Ziffer 1 des Tierschutzgesetzes in der Fassung vom 28. Mai 2006 (BGBl. I S. 1208, 1319):
„Wer ein Tier hält, betreut oder zu betreuen hat,
1. muss es seiner Art und seinen Bedürfnissen entsprechend angemessen ernähren, pflegen und verhaltensgerecht unterbringen."
[...]

Das Rudeltier Hund muss oft in der Wohnung Kontakt zur Mensch-Meute haben.

Hinsichtlich der art- und verhaltensgerechten Unterbringung von Jagdhunden gehen die Meinung auch heute noch auseinander: Während einige Rüdemänner die reine Zwingerhaltung befürworten, treten andere für die ausschließliche Unterbringung des Hundes im Haus ein. Wie so oft, dürfte die richtige Entscheidung wohl in der Mitte liegen, also bei einer kombinierten Haus- und Zwingerhaltung.
Denn unser Hund ist bekanntlich ein Rudeltier und als solches ein soziales Wesen. In der Hund-Hund-Meute kann er regelmäßig nicht leben. Zu seinem seelischen, körperlichen und sozialen Wohlbefinden braucht er daher den Menschen, braucht er Sie, den „Leithund" in der Mensch-Hund-Zweiermeute. Für seine seelische Entwicklung ist dieser enge Kontakt außerordentlich wichtig.

WOHNUNG UND/ODER ZWINGER

Reine Zwingerhaltung verhindert den erforderlichen Kontakt zum Menschen und bedeutet deshalb Isolation! Verhaltensgerecht ist nach meinem Verständnis die Unterbringung des Hundes nur dann, wenn er überwiegend, insbesondere abends und nachts im Haus als „gleichberechtigtes" Mitglied der Mensch-Hund-Meute gehalten wird. Dies gilt in besonderem Maße für den Welpen in den ersten Wochen und Monaten. Denn gerade nach der Trennung von der Wurfgemeinschaft ist es unsere Aufgabe, alles zu tun, was der Entstehung neuen Vertrauens und neuer Bindungen dient. Hierzu zählen neben Streicheleinheiten verständnisvolle Zuwendung, Geborgenheit und „Nestwärme", die dem kleinen Kerl aber im Zwinger sicher zu sehr vorenthalten werden.

SCHLAFEN WO?

Dazu gehört auch, dass Sie Ihren Welpen in den ersten Nächten nach der Trennung von den Wurfgeschwistern mit ins Schlafzimmer nehmen – natürlich nicht mit ins Bett, sondern in einer großen Kiste, aus der er allein nicht aussteigen kann, besser noch in einer Hunde-Transport-Box. Diese stellen Sie neben Ihr Bett. Ihr Welpe ist ein soziales Wesen, ein Rudeltier mit instinktiv starken Bindungen an seine Rudelmitglieder, also an Sie und auch Ihre Familie. Er braucht jetzt nachts zumindest Ihre Nähe, wenn auch nicht unmittelbaren Körperkontakt. Er könnte es deshalb nicht verstehen, über Nacht ausgegrenzt zu werden.

Sie können auch nicht verlangen, dass der kleine Kerl in den ersten Nächten durchschläft. Wird er wach, überkommt ihn Angst, allein zu sein. Wenn er dann heult und jammert, beruhigen Sie ihn mit Worten, mit Streicheln. Oft genügt es schon, ihm Ihre Hand aufzulegen. Hilft dies nicht, so muss er wahrscheinlich ins Freie getragen werden, damit er nässen und sich lösen kann.

Der endgültige Schlafplatz Ihres Hundes ist natürlich nicht neben Ihrem Bett. Er könnte aber auf dem Flur vor Ihrem Schlafzimmer sein. Alle meine Hunde hatten dort ihren Schlafplatz.

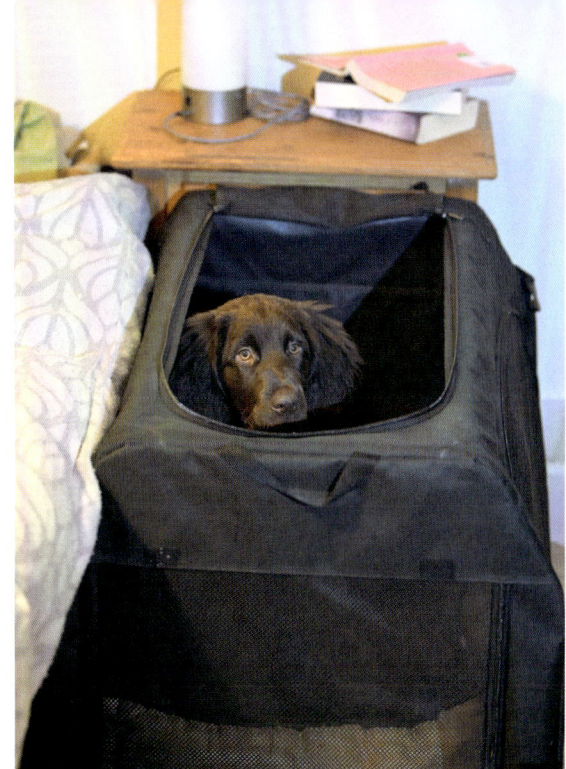

In der ersten Zeit gehört der Welpe nachts ins Schlafzimmer!

TIPP

Gewöhnen Sie Ihren Welpen schrittweise an seinen endgültigen Schlafplatz. Sobald er zwei bis drei Nächte hintereinander durchgeschlafen hat, stellen Sie seine Box immer näher zur Schlafzimmertür, dann auf den Flur vor die noch geöffnete Tür. Schläft er schließlich auch dort durch, können Sie künftig auch die Schlafzimmertür schließen.

Und – gehen Sie gemeinsam mit Ihrem Welpen schlafen. Bevor Sie sich zur Ruhe legen, lassen Sie ihn also nochmals nach draußen, wo er seine Geschäfte verrichten kann.

KOMBINIERTE HAUS- UND ZWINGERHALTUNG

Tagsüber sollte der Hund – wenn möglich – im Freilauf, aber auch einige Stunden im Zwinger gehalten werden. Diese zeitlich begrenzte Zwingerhaltung schadet seinem seelischen und sozialen Wohlbefinden in keiner Weise. Vielmehr kann der Hund hier im Freien die erforderliche, körperliche Widerstandskraft gegen die verschiedenen

Am Tag über begrenzte Zeiträume schadet auch Zwinger-haltung keineswegs.

Einen Hund den halben Tag allein zu lassen, ist nicht art-gerecht.

Witterungseinflüsse aufbauen. Auch kommt er im Zwinger regelmäßig zur notwendigen Ruhe, insbesondere nach getaner Arbeit.

REINE WOHNUNGSHALTUNG

Haben Sie zu einer kombinierten Haus-/ Zwingerhaltung keine Möglichkeit und sind Sie daher auf Wohnungshaltung angewiesen, dann sollten Sie dies bereits bei der Wahl der Rasse berücksichtigen. Lauffreudige Rassen, wie zum Beispiel Vorstehhunde, gehören in keine Stadtwohnung, es sei

denn, Sie haben Gelegenheit, mit einem solchen Hund zumindest zwei bis drei Mal Gassi zu gehen und ihm dabei mindestens einmal ausreichenden Auslauf zu gewähren, beispielsweise neben dem Fahrrad. Allerdings darf auch der Bewegungsdrang kleinerer Rassen nicht unterschätzt werden. Zugleich ist streng darauf zu achten, den Hund, zumal während seines Wachstums, nicht zu überfordern und zu überlasten!

ALLEINSEIN

Wegen ihrer sozialen Ausrichtung haben unsere Hunde Angst vor dem Alleinsein. Folglich gibt es auch keine Rasse, die geeignet ist, allein zu bleiben, schon gar nicht unsere Jagdhunde. Wenn Sie als „Stadtmensch" – und dies soll keine Abwertung sein – ganztags berufstätig sind und der Hund mehr als acht Stunden täglich in der Wohnung allein ohne Kontakt zu seinen Rudelmitgliedern sein müsste, ist dies in meinen Augen keine artgerechte Haltung mehr! Ein solches Alleinsein führt dann nicht selten auch zu Fehlverhalten des Hundes. So schwer das sicher auch fällt – verzichten Sie in diesem Fall lieber auf einen vierläufigen Jagdhelfer.

Etwas anderes ist es, wenn Sie nur halbtags beschäftigt sind. Etwa vier Stunden allein zu sein, ist einem Hund schon zuzumuten. Dies ist im Ergebnis nichts anderes als eine zeitlich begrenzte Zwingerhaltung. Voraussetzung bleibt aber Ihre Bereitschaft, die Freizeit überwiegend mit Ihrem Hund zu verbringen.

DER ARTGERECHTE HUNDEZWINGER

Die Hundehaltung im Freien, insbesondere im Zwinger, ist gesetzlich geregelt durch die „Tierschutz-Hundeverordnung" vom 2.5.2001 (BGBl. I S. 838; zul. geänd. am 25.11.2021: BGBl. I S. 497; s. S. 136 ff.).

Diese Verordnung enthält unter anderem Bestimmungen zur Hundehaltung im Zwinger sowie dessen Wartung und zur Pflege des Hundes. Verstöße gegen die Vorgaben der Verordnung werden als Ordnungswidrigkeiten geahndet.

SCHUTZ- UND RUHERAUM

So dürfen Hunde nur dann in offenen und teilweise offenen Zwingern gehalten werden, wenn in ihnen innerhalb dieser Fläche oder unmittelbar mit dem Zwinger verbunden ein Schutzraum, in der Regel eine Hütte, zur Verfügung steht. Diese Hundehütte muss allseitig aus wärmedämmendem, gesundheitsunschädlichem Material hergestellt sein. Das Material ist so zu verarbeiten, dass sich der Hund daran nicht verletzen kann. Die Hütte muss gegen nachteilige Witterungseinflüsse Schutz bieten, insbesondere darf keine Feuchtigkeit eindringen können.

Dieser Ruheraum ist auch so zu bemessen, dass sich der Hund darin verhaltensgerecht bewegen und den Raum durch seine Körperwärme warm halten kann. Das Innere der Hütte muss stets sauber, trocken und ungezieferfrei gehalten werden.

GRÖSSE UND BESCHAFFENHEIT

Die Grundfläche des Zwingers ist der Zahl und der Art der auf ihr gehaltenen Hunde anzupassen. Für einen mittelgroßen, über 20 kg schweren Hund ist eine Grundfläche ohne Schutzraum, also ohne Hütte, von mindestens 6 m² erforderlich; für jeden weiteren, in demselben Zwinger gehaltenen Hund, ausgenommen Welpen beim Muttertier, sind der Grundfläche 3 m² hinzuzurechnen. Als Regel gilt: Der Zwinger kann nie zu groß sein, sehr wohl aber zu klein. Boden, Einfriedung und die übrige Einrichtung des Zwingers müssen ebenfalls aus gesundheitlich unbedenklichem Material hergestellt und so verarbeitet sein, dass die Hunde sich nicht verletzen können. Mindestens eine Seite muss den Hunden die Sicht nach außen ermöglichen. Besteht der

Die Anforderungen an einen Hundezwinger sind gesetzlich geregelt. Eine Schutzhütte gehört dazu.

Boden des Zwingers nicht aus wärmedämmendem Material, ist außerhalb des Schutzraumes eine kälteisolierende Liegefläche vorzusehen. Der Boden muss so beschaffen und angelegt sein, dass Flüssigkeit versickern oder abfließen kann. Auch das Innere des Zwingers ist sauber, trocken und frei von Ungeziefer zu halten. Außerdem muss dem Hund bei starker Sonnenbestrahlung und hohen Außentemperaturen außerhalb des Schutzraumes ein schattiger Platz zur Verfügung stehen.

KONTROLLE TÄGLICH

Ferner hat der Besitzer des Hundes oder der mit seiner Pflege Beauftragte sich mindestens ein Mal täglich von dem Befinden des Hundes und der Beschaffenheit des Zwingers zu überzeugen und Mängel unverzüglich abzustellen. Er muss auch dafür sorgen, dass Zwinger, Futter- und Tränkebehälter stets sauber sind und Letzterer immer ausreichend mit frischem Trank gefüllt ist. All diese Grundsätze der Verordnung dürften eigentlich für einen Rüdemann Selbstverständlichkeiten sein.

ZWINGER AUS DEM HANDEL

Schutzhütten und Zwinger, die den Erfordernissen dieser Verordnung entsprechen, hält der Fachhandel in unterschiedlichen Größen und Ausstattungen bereit. Da gibt es Flach-, Schräg- oder Giebeldachhütten, mit oder ohne Vorraum, Hütten mit Giebel- oder Längsseiten-Einstieg sowie ausreichend Bodenfreiheit gegen ein Eindringen von Bodenfeuchtigkeit. Alle Hütten sind überdies regelmäßig mit Styropor isoliert. Zwinger gibt es überwiegend aus Holz mit feuerverzinkten Rohrstab- oder Gittergewebe-Elementen. Der Zwingerboden besteht idealerweise aus herausnehmbaren Holzplatten, die zur Unterbelüftung auf Fundamentsteine gelegt werden. Das Dach muss etwas überragen und sollte zweckmäßigerweise aus einem Material sein, das bei Regen keine Nebengeräusche erzeugt. Auch sollte der Zwinger nicht zu weit entfernt vom Haus stehen, sodass der Hund auch während der zeitlich begrenzten Zwingerhaltung stets Hör- und Sichtkontakt zum Haus und damit zu „seinem Rudel" hat.

Anforderungen an den Hundezwinger

- ☐ Die Hütte muss rundum aus wärmedämmendem Material bestehen.
- ☐ Für Einfriedung und alle Zwingereinrichtungen darf nur gesundheitsverträgliches Material verwendet werden.
- ☐ Das Hütteninnere darf nicht zu groß dimensioniert sein, damit die Eigenwärme des Hundes zur Temperierung ausreicht.
- ☐ Die Hütte muss absolut dicht gegenüber Feuchtigkeit sein.
- ☐ Hütte und Zwinger sind innen stets sauber, trocken und frei von Ungeziefer zu halten.
- ☐ Die Zwingergrundfläche muss außerhalb der Hütte folgende Mindestgrößen aufweisen: mind. 6 m² für den ersten, 3 m² für jeden weiteren Hund.
- ☐ Der Zwingerboden muss isolierend oder eine wärmedämmende Liegefläche außerhalb der Schutzhütte vorhanden sein.
- ☐ Der Zwingerboden muss durchlässig für Flüssigkeit sein.
- ☐ Ein Schattenplatz außerhalb des Schutzraums ist vorzusehen.

TIPP

Unter den Hundehütten mit unterschiedlicher Dachform, die im Handel angeboten werden, haben Flachdachhütten einen großen Vorteil: Das ebene Dach bietet dem Hund einen zusätzlichen Liegeplatz, den er in der Regel gern annimmt.

Ein Zwinger in Hausnähe gestattet dem Hund Hör- und Sichtkontakt zu seinen menschlichen „Rudelmitgliedern".

GARTEN UND AUTO

Und noch ein Wort zu Garten und Auto. Wie schon ausgeführt, sollten Sie, wenn dazu Gelegenheit besteht, den Hund tagsüber auch einige Stunden im Garten im Freilauf halten. Das setzt aber voraus, dass der Gartenzaun auch hoch genug und dicht ist, der Hund also nicht entlaufen kann. Achten Sie darauf und bedenken Sie, dass es auch Rassen gibt, die sich gern unter dem Zaun hindurchgraben. Dazu gehören zum Beispiel die Terrier.

Das Auto ist für unsere Jagdhunde häufig das zweite Zuhause. Entsprechend sollte es deshalb dann auch ausgestattet sein. Der beste und sicherste Platz für einen Hund im Auto der Kofferraum eines Kombis, der mit einem fest eingebauten Hundegitter nach vorn abgegrenzt ist. Sitzt der Hund dort in einer Box oder ist der Kofferraum nochmals in Längsrichtung mit einem festen Gitter unterteilt, bleibt hinten in aller Regel auch noch genug Stauraum für Jagdutensilien und vor allem auch frisches Wasser für den Hund.

Ein hundegerechter Garten muss natürlich ausbruchssicher umzäunt sein.

Box im Kofferraum eines Kombis – ein guter Platz für unseren Hund. Und Stauraum ist hier auch noch vorhanden.

ERNÄHRUNG UND FÜTTERUNG

In der Wachstumsphase des Welpen ist es äußerst wichtig, seinen besonderen und hohen Nährstoffbedarf zu decken. Dies ist die Voraussetzung für eine optimale körperliche Entwicklung.

In den ersten Stunden nach der Geburt gibt die Hündin eine sogenannte Vormilch ab, die reich an Immunstoffen und anderen Antikörpern ist und den Nachwuchs widerstandsfähiger gegenüber Krankheiten macht. Gesäugt werden sollen die Welpen in den ersten drei bis vier Wochen zumindest vier bis sechs Mal täglich.

Die Muttermilch deckt auch bis etwa zur 4. Woche den hohen Kalorien- und Nährstoffbedarf der Welpen. Danach muss mit spezieller Welpennahrung zugefüttert werden, die zu einem dicken Brei angerührt wird. Ab der 6. Woche kann schon auf Welpen-Trockenfutter übergegangen werden.

WELPENNAHRUNG AUS DEM HANDEL

Das rasche Wachstum der Welpen in den ersten sechs Lebensmonaten erzeugt einen Bedarf an Energie und Nährstoffen, der um ein Vielfaches höher ist als der eines erwachsenen Hundes. Der Handel hält spezielle Welpennahrung vor, die auf die jeweilige Wachstumsphase abgestellt ist. Dabei sind Protein-(Eiweiß-), Fett- und Kalziumgehalt im Verhältnis ebenso aufeinander abgestimmt wie Vitamine und Mineralstoffe. Dieses ausgewogene Verhältnis werden Sie nie herstellen können, wenn Sie heute noch

selbst für Ihren Hund kochen wollten. Etwas wird immer fehlen oder mit anderen Inhaltsstoffen falsch abgestimmt sein. Ein dadurch bedingter Mangel kann zumindest Wachstumsstörungen auslösen und den Muskel- und Knochenaufbau beeinträchtigen. Wählen Sie also für Ihren Hund die Fertignahrung, die der Handel einmal als Nassfutter (Dosen), zum anderen als Trockenfutter anbietet.

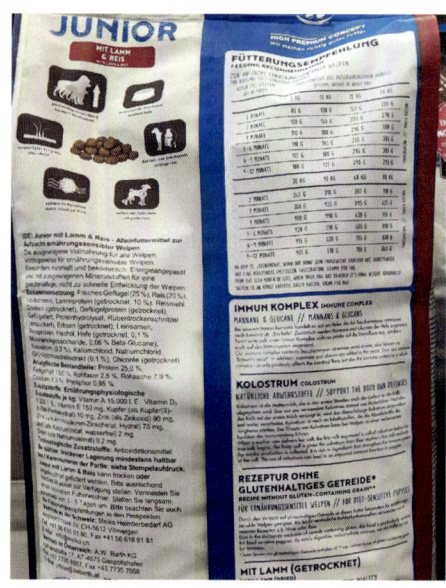

Ausgewogener als die Welpennahrung im üppig sortierten Handel kann selbst zubereitetes Futter nicht sein.

FÜTTERUNG – WANN UND WIE

Unsere Hunde werden bis zum Ende des 3. Lebensmonats fünf Mal, vom 4. bis 12. Lebensmonat zwei Mal und dann noch ein Mal täglich gefüttert, wobei sich die „Fressgewohnheiten" etwa zwischen der 10. und 14. Lebenswoche des Welpen einspielen.

Die täglichen Fütterungen werden sukzessive von fünf Mal für den bis drei Monate alten Welpen auf ein Mal beim über einjährigen Hund reduziert.

INTERVALLE UND ZEITEN

Füttern sollten Sie Ihren Hund möglichst immer zu denselben Zeiten, und zwar bis zum Ende des 3. Lebensmonats fünf Mal zwischen etwa 7 und 19 Uhr. Bei zweimaliger Fütterung morgens und abends und bei einmaliger Fütterung möglichst abends, nachdem Sie mit Ihrem Hund gearbeitet haben. Das Futter darf nicht zu kalt sein, es muss Raumtemperatur haben.

Frisst der Hund seine Ration nicht auf, wird ihm der Futternapf weggenommen und die nächste Ration um den Anteil gekürzt, den er im Napf gelassen hat. Sollte die Fresslust wiederholt stark abweichen, ist die Möglichkeit einer gesundheitlichen Störung abzuklären. Die Futterschüssel wird nach jeder Fütterung für die nächste gereinigt. Der Wassernapf muss dagegen immer voll sein und frisches Wasser enthalten.

> **TIPP**
> Reichen Sie Ihrem Welpen anfangs das Futter, das der Züchter zuletzt gefüttert hat. Auch das erleichtert dem Neuankömmling die Eingewöhnung in sein neues Heim.

FUTTERMENGE

Wie hoch nun der Nahrungsbedarf Ihres Hundes ist, richtet sich nach seinem Gewicht, dem jeweiligen Alter und später auch nach seiner Auslastung und seinen Leistungsanforderungen. Aufschluss geben Ihnen dabei verständliche Tabellen, die zum Beispiel auf den Futtersäcken aufgedruckt sind. Nach diesen Angaben sollten Sie sich unbedingt richten. Zusatzfutter ist meist nicht erforderlich.

HUNDEFÜTTERUNG ART- UND ALTERSGERECHT

ALTER	FÜTTERUNGS-INTERVALLE	FUTTERMITTEL	TAGESZEIT
0 bis 4 Wochen	4- bis 6-mal täglich	Muttermilch	Nach Bedarf
4 bis 6 Wochen	Ca. 5-mal täglich	Muttermilch plus Welpennahrung aus Handel	Zwischen 7 und 19 Uhr
Ab 6. Woche	5-mal täglich	Welpen-Trockenfutter aus Handel	Zwischen 7 und 19 Uhr
Ab 4. Monat	2-mal täglich	Fertigfutter für Jagdhunde aus Handel	Morgens und abends
Ab 1 Jahr	1-mal täglich	Fertigfutter aus Handel	Abends

ENTWICKLUNGS-PHASEN UND FRÜHERZIEHUNG

DIE ERSTEN
16 LEBENSWOCHEN

Nach Eberhard Trumler unterscheiden wir verschiedene Entwicklungsphasen in den ersten Lebenswochen eines Hundewelpen. Deren Zeiträume können durchaus etwas überlappen. Ähnliche Feststellungen trafen amerikanische Verhaltensforscher.

Die Amerikaner, insbesondere die schon erwähnten Scott und Fox, unterscheiden fünf sogenannte kritische Perioden. Die Perioden drei, vier und fünf stimmen dabei im Wesentlichen mit der Prägungs-, der Sozialisierungs- und der Rangordnungsphase nach Trumler überein.
Nachfolgend wollen wir uns an den Entwicklungsphasen nach Trumler orientieren. Zum besseren Verständnis stelle ich auch die ersten beiden Phasen vor, obwohl Sie als künftiger Welpenbesitzer darauf in aller Regel so gut wie keinen Einfluss haben. Intensiver werden wir uns dann bei der Wel-

penfrüherziehung mit dem Zeitraum ab der 4. bis zur 16. Woche, insbesondere mit den Phasen ab der 7. beziehungsweise 8. Woche befassen. Dann nämlich müssen Sie die Rolle des Ausbilders, des Führers, ja des Rudelführers übernehmen.

VEGETATIVE PHASE (1. BIS 2. WOCHE)

Geboren wird der Hundenachwuchs mit verschlossenen Augenlidern und Ohren. Unmittelbar nach der Geburt und nach

DIE WELPENENTWICKLUNG

ENTWICKLUNGSPHASEN NACH TRUMLER	KRITISCHE PERIODEN NACH SCOTT, FOX U.A.
Vegetative Phase (1. und 2. Woche)	1. vom Tag Null bis zum 21. Tag
Übergangsphase (3. Woche)	2. vom 21. bis 28. Tag
Prägungsphase (4. bis 7. Woche)	3. vom 28. bis 49. Tag
Pubertät (ab ~7. Woche, Dauer unterschiedlich)	
Sozialisierungsphase (8. bis 12. Woche)	4. vom 49. bis 84. Tag
Rangordnungsphase (13. bis 16. Woche)	5. vom 84. bis 112. Tag
Rudelordnungsphase (5. und 6. Monat)	

Gleich nach dem Gewölft-Werden geht es instinktiv zur Milchquelle.

einem intensiven Belecken durch die Hündin kriecht der Welpe „instinktiv" auf dem Bauch zum Bauch der Mutterhündin, sucht und findet alsbald die Milchquelle, die Zitze, und fängt unverzüglich an zu saugen.

TRINKEN UND SCHLAFEN

Der Tagesinhalt besteht in dieser ersten Phase aus Trinken und Schlafen, alles ist auf Gewichtszunahme abgestimmt. Außerdem braucht der Welpe Wärme und Anlehnung an die Hündin und die Wurfgeschwister. Wird ein Welpe von einer Zitze abgedrängt, schreit er und löst so bei der Hündin einen

Schlüsselreiz aus: Sie kümmert sich sofort um diesen Welpen und schiebt ihn mit der Nase an eine andere Zitze. Wichtig ist auch, dass die Hündin die Verdauung der Welpen durch Belecken ihrer Bäuche fördert. Diese Massage erleichtert den Welpen das Lösen und Nässen. In den beiden ersten Wochen nimmt die gesunde Mutterhündin also dem Züchter die Arbeit mit den Welpen ab, insbesondere deren Betreuung.

DIE AUFGABEN DES ZÜCHTERS

Aufgabe des Züchters bleibt es aber, für eine sehr gute Ernährung der Hündin und einen

Schlafen ist neben dem Trinken die Hauptbeschäftigung der Welpen in der vegetativen Phase.

Eine tägliche exakte Kontrolle der Gewichtszunahme gehört dazu.

ausreichenden täglichen Auslauf zu sorgen, und auch darauf zu achten, dass die Hündin genügend Milch hat, um alle Welpen säugen zu können. Ferner hat er die Welpen zu kontrollieren, damit es zum Beispiel zu keinen Infektionen des Nabels kommt oder sonstige Probleme entstehen, die einer tierärztlichen Behandlung bedürfen.

Intensiver sollte sich der Züchter dann ab der zweiten Woche mit den Welpen befassen, und zwar immer dann, wenn die Hündin vom Wurf getrennt ist. Indem er nacheinander jeden Welpen in die Hand nimmt, ihn dreht und streichelt, gewöhnt er den Wurf schon früh an den Körperkontakt mit dem Menschen.

ÜBERGANGSPHASE (3. WOCHE)

Die Gehörgänge und die Lidspalten der Welpen öffnen sich zwischen dem 11. und dem 13. Tag, wobei sich die Sehfähigkeit der Augen erst um den 17. oder 18. Tag nach und nach entwickelt. Die Augenfarbe ist zunächst blau und wechselt erst nach etwa drei Monaten in die endgültige Farbe über. Allmählich entwickelt sich auch das Gehör, die Nase beginnt zu arbeiten.

Der Welpe wechselt aus den bisher überwiegenden Saug- und Schlafphasen der ersten beiden Wochen über zum Entdecken und Erkunden seiner engsten Umgebung; auch knüpft er die ersten Kontakte mit den Wurfgeschwistern, wobei er insbesondere

Die Neugier der Welpen erwacht in der Übergangsphase.

Die Zeit für mehrmaligen täglichen Körperkontakt mit jedem einzelnen Welpen sollte der Züchter in der Übergangsphase finden.

versucht, deren Ohren und Pfoten in den Fang zu nehmen.

DIE AUFGABEN DES ZÜCHTERS

In dieser Übergangsphase sollte sich der Züchter täglich zumindest drei bis vier Mal einige Minuten Zeit für jeden Welpen nehmen und mit jedem einzelnen Kontakt pflegen; ihn also in die Hand nehmen, am ganzen Körper streicheln, außerhalb der Wurfkiste auf den Fußboden absetzen, ihn auf den Rücken drehen, alsdann seinen Bauch streicheln, dabei beruhigend auf ihn einreden und ihn dann zurück in die Wurfkiste setzen.

Eine Zufütterung kann manchmal schon ab der 3. Woche erforderlich werden. Dies hängt von der Milchproduktion der Hündin und der Anzahl ihrer Welpen ab. Bevor aber Zusatzfutter gereicht wird, ist eine Wurmkur notwendig, denn alle Welpen sind von Spulwürmern befallen, die ohne Gegenmaßnahmen auch zum Tode führen können.

Der Trieb der Welpen, der Mutterhündin – und damit auch den Wurfgeschwistern – zu folgen, setzt ungefähr am 21. Tag ein.

PRÄGUNGSPHASE (4. BIS 7. WOCHE)

Die Sinnesleistungen unserer Welpen sind nun so gut wie voll entwickelt. Neugier, Erkundungsdrang und Lerntrieb treten in den Vordergrund, alles wird nun beknabbert. Der Welpe fängt an, seine Umwelt zu erforschen. Was er in dieser Zeit lernt, bleibt für immer „hängen".

Lecken ist nicht nur erlaubt, sondern vor allem in der Prägungsphase wichtig!

VIEL KÖRPERKONTAKT

Vor allem in der Prägungsphase muss der Welpe auch tagtäglich Gelegenheit haben, mit dem Menschen Kontakt aufzunehmen, und zwar Körperkontakt. Er muss sich mit dessen Hand beschäftigen, ja sie auch intensiv belecken dürfen. Je mehr Menschen – auch unterschiedlichen Alters und Geschlechts – sich in dieser Zeit mit den Welpen befassen und Körperkontakt halten, umso besser. Der Mensch wird so zum Artgenossen, der Welpe auf ihn geprägt. Nur so entwickeln sich aus den Welpen Hunde, die später auch mit fremden Menschen problemlos in Kontakt treten können.

Haben die Welpen jedoch stets nur zu demselben Menschen Verbindung, dann in der Regel wohl dem Züchter, besteht die Gefahr, dass sie später fremden Menschen gegenüber kontaktarm und unsicher sind. Der künftige Welpenkäufer sollte bereits zu Beginn dieser Entwicklungsphase mit dem Züchter Verbindung aufnehmen und mit der Welpenmeute Berührungs-, also Hautkontakt pflegen. Dadurch hat der Welpenkäufer gleichzeitig früh Gelegenheit, sich seinen Welpen aus der Meute auszusuchen.

ERSTE ERFAHRUNGEN MIT WASSER UND SCHUSS

Gegen Ende der Prägungsphase kommen auf einen verantwortungsbewussten Züchter weitere Aufgaben zu, die in der Gemeinschaft der Welpenmeute unter Anleitung der Mutterhündin wesentlich einfacher zu bewältigen sind als später für einen einzelnen Welpen unter der Regie seines Führers. Der Züchter sollte die Welpen zum Beispiel schon an das Wasser heranführen, wenn es die Jahreszeit zulässt, oder auch an den Schussknall gewöhnen.

Erste Ausflüge ans Wasser mit der Mutterhündin

Auf der Futterschleppe wird der Nasengebrauch geschult.

REVIERFAHRTEN, FUTTER-SCHLEPPE, WILDKONTAKT

Wichtig sind ferner Fahrten mit dem Auto und den Welpen ins Revier, zunächst mit der Mutterhündin, später ohne sie. Auf damit verbundenen kleinen Spaziergängen kann die Welpenmeute bereits Bekanntschaft mit Kühen, Pferden, Schafen und anderen Nutztieren machen, ebenso mit Pflanzen, die brennen oder stechen! Sie sollten außerdem schon über kleine Hindernisse gelockt werden. Hier bieten sich zum Beispiel Gräben an, insbesondere, wenn sie etwas Wasser führen.

Auch die Futterschleppe gehört schon beim Züchter in das Welpenprogramm. Alle etwa 20 bis 30 Meter mit kleinen Pansenstücken versehen, wird die Schleppe von der Welpenmeute gemeinsam „gearbeitet". Die Übungsangel darf ebenfalls nicht fehlen. Durch die gemeinsame Hetze mit den Wurfgeschwistern, durch gemeinsames „Vorstehen" und gemeinsames „Beute machen" werden insbesondere die jagdlichen Anlagen geweckt. Auf diese Übungen gehen wir später noch ein. Soweit Gelegenheit besteht, sollten die Welpen auch schon an erlegtes Wild jeglicher Art herangeführt werden.

Idealerweise lernen die Welpen schon beim Züchter möglichst viele Wildarten kennen.

REGELMÄSSIGES SPIEL

Wichtigste Aufgabe für den Züchter ist jedoch das tägliche, regelmäßige Spiel mit allen Welpen, aber auch mit dem einzelnen allein. Hierbei sollten diese an akustische und optische Reize gewöhnt werden, zum Beispiel durch Schläge auf einen Blecheimer oder das urplötzliche Aufspannen eines Regenschirmes.

Ein Hochgenuss für die Welpen sind zweifellos Meute-Beute-Spiele nach folgendem Muster: Der Züchter läuft zunächst weg und lockt die Welpen, die ihn stürmisch verfolgen. Dann legt er sich auf den Boden und lässt sich von der Meute „fangen". Und solch ein Züchter, der sich in der beschriebenen Weise mit seinen Welpen befasst, sollte Ihr Züchter sein!

Der Blecheimer bekommt einen Klaps: Die Welpen sollen sich an akustische Reize gewöhnen.

SOZIALISIERUNGSPHASE (8. BIS 12. WOCHE)

In dieser Phase soll der Welpe bereits in den Besitz seines neuen Rudelführers Mensch kommen. Jetzt beginnt seine Sozialisierung mit dem Lernziel, die bestmögliche soziale Partnerschaft mit Artgenossen und dem Rudelführer Mensch zu erreichen. Von großer Bedeutung ist hierfür zum Beispiel das Spiel mit etwa gleichaltrigen Welpen auf sogenannten Welpenspiel- und -lerntagen.

ANLAGENFÖRDERUNG UND BEGINN DER FRÜHERZIEHUNG

Parallel dazu beginnt jetzt aber auch die Förderung der jagdlichen Anlagen. Die Nase des Welpen wird beispielsweise auf der Futterschleppe „geweckt", Hetz- und Greiftrieb sowie Vorstehen und Ausgeben „seiner Beute" an der Übungsangel gefördert. Die Früherziehung mit den Kommandos „Sitz", „Hier" und „Ablegen" setzt nun ein, und auch einem Teil seiner späteren jagdlichen

---

TIPP

Für viele Hundebesitzer ist die Angst des Vierbeiners vor öffentlichen Verkehrsmitteln oft ein Grund, sich nur noch mit dem Auto fortzubewegen. Das muss nicht sein! Fahren Sie schon mit dem Welpen gelegentlich Bahn oder Bus, denn in Ihrer Obhut verliert er gerade in jungem Alter schnell seine Scheu davor.

In der Rangordnungsphase steht gelegentlich auch ein „Stadtbummel" auf dem Programm.

Aufgaben wie der Hasenspur oder der Schleppe begegnet er zum ersten Mal. Und dies alles mit Konsequenz als Grundlage der Welpenerziehung und auch späteren Junghundausbildung. Sie werden bald feststellen, dass auch Ihr Welpe genau diese Konsequenz erproben, ja regelrecht prüfen wird.

RANGORDNUNGSPHASE (13. BIS 16. WOCHE)

In dieser Phase sollte der Welpe nun auch seine weitere Umwelt kennenlernen, wie zum Beispiel die Stadt mit all ihren Geräuschen und den dort fahrenden Ungetümen. Nehmen Sie Ihren Welpen, natürlich angeleint, mit in die Stadt, gehen Sie dort an viel befahrenen Straßen vorbei, aber auch durch die Fußgängerzone.

Gewöhnen Sie ihn überhaupt an möglichst viele der Umwelteindrücke, denen er in seinem Leben begegnen könnte. Seine Scheu und natürlichen Ängste beruhigend abzubauen, ist dabei Ihre Aufgabe.

HERANFÜHREN AN ALLE JAGDLICHEN AUFGABEN

Diese Zeitspanne ist jetzt für den Welpen – wie auch in der Natur bei den Caniden – die Abschlussphase der besonders intensiven Welpenlernzeit. Deshalb muss er bis zu ihrem Ende an alle späteren jagdlichen Aufgaben, also auch die Schweißarbeit, herangeführt worden sein.

Der Führer ist dabei für den Welpen Autorität und gleichzeitig Lehrmeister. Gleichwohl erfolgt dieses Lernen überwiegend im Spiel, aber konsequent und nahezu ohne Zwang. Dabei muss der Welpe die Überlegenheit seines Meuteführers erkennen und anerkennen können, um sich ihm unterzuordnen. Autorität, Gelassenheit und Zuneigung sind jetzt von Ihnen gefragt. Nur so entstehen eine enge Bindung und gegenseitiges restloses Vertrauen.

ALLGEMEINES ZUR FRÜHERZIEHUNG

Die Schlüssel für eine erfolgreiche Früherziehung, Anlagenförderung und schließlich Ausbildung sind insbesondere Zeit – viel Zeit! –, Einfühlungsvermögen, Geduld – viel Geduld! –, Ausdauer und vor allem auch Konsequenz.

Unsere Hauptaufgabe bei der Früherziehung besteht darin, den Welpen auf seine Grundausbildung, die mit der 17. Woche unmittelbar anschließen sollte, vorzubereiten, ihn insbesondere anzuleiten und an seine künftigen Aufgaben heranzuführen.

GRUNDSÄTZE

Eines muss klar sein: Bei den Übungen, die wir dazu mit unserem Welpen durchführen, verlangen wir noch keine Perfektion! Diese kann der Welpe in diesem „kindlichen" Alter einfach noch nicht erbringen. Es genügt im Allgemeinen, wenn der Welpe grundsätzlich verknüpft hat, was Sie von ihm bei einem bestimmten Kommando verlangen. Bei der Früherziehung Ihres Welpen müssen Sie insbesondere drei Punkte beachten.

FALSCHE VERKNÜPFUNG VERMEIDEN

Der Welpe muss immer „verstehen", also richtig verknüpfen können, was Sie von ihm verlangen. Deswegen müssen Sie bei jeder Aufgabe in einzelnen Lernschritten vorgehen und dem Hund zunächst aktiv zeigen, welches Tun oder Unterlassen Sie von ihm auf ein bestimmtes Kommando, also ein

Lautzeichen, verlangen. Dies geschieht insbesondere durch bestimmte körperliche Hilfen, wie zum Beispiel beim „Sitz". Für einen „Erstlingsausbilder" ist dies sicher nicht so einfach, wie es klingt. Sie müssen damit rechnen, dass so gut wie nichts auf Anhieb klappt. Aber – Ihr Welpe wird meist versuchen, Ihrem Kommando in irgendeiner Art und Weise zu folgen. Wenn Sie dies erkennen, ist schon Lob fällig! Sofort anschließend zeigen Sie dem Hund erneut, was Sie von ihm erwarten, und wiederholen dies mit Ruhe und Geduld, bis es

Positive Verstärker sollten nicht immer Belohnungshappen sein. Lob genügt oft auch.

TIPP

Gehen Sie nicht allzu üppig mit Lob oder Belohnungshappen um. Hat Ihr Welpe ein Kommando richtig verknüpft und ist es wirklich fest verankert, sollten Sie dessen Ausführung nicht mehr regelmäßig, sondern nur noch ab und zu durch Lob und Belohnung verstärken. Denn der Hund muss lernen, dass bestimmte Arbeiten einfach seine Pflicht sind – auch wenn er einmal gar nicht „scharf" auf gute Worte und rundherum satt ist.

klappt. Als Verstärker gibt es dann Lob und auch gelegentlich ein Leckerli. An diesem Erfolg lernt Ihr Hund.

Sobald Sie erkennen, dass der Welpe nicht weiß, was Sie von ihm möchten, zeigen Sie es ihm erneut. Tadel durch scharfe Worte darf es immer erst geben, wenn Ihr Hund eigentlich verstanden hat, was Sie von ihm möchten. Macht er dann immer noch Fehler, muss zumindest der Tonfall des Kommandos strenger werden. Gleichzeitig zeigen Sie Ihrem Welpen noch einmal, was Sie von ihm wollen. Sobald es dann wieder klappt, verstärken Sie seine Verhaltensweise, seinen

Erfolg erneut durch Lob und gelegentlich einen Lieblingshappen.

Bedenken Sie aber stets: Einer 100-prozentigen Ausführung des Verlangten bedarf es in diesem Hundealter noch nicht!

URSACHENFORSCHUNG IST WICHTIG

Und ganz wichtig – verlieren Sie nie die Beherrschung, wenn einmal etwas nicht so läuft, wie Sie es erwarten. Fragen Sie zunächst sich selbst nach der Ursache. Und nicht selten werden Sie erkennen, dass es kein Fehler des Hundes war! Wenn Sie jedoch mangelnde Geduld durch Druck ersetzen, erreichen Sie meist nur das Gegenteil: Erste kleine Erfolge werden oft zunichte gemacht, Sie und Ihr Welpe stehen wieder ganz am Anfang und das Vertrauen des Hundes in Sie ist sicher nicht größer geworden! Es ist eben wirklich äußerst schwierig, sich dem Hund verständlich zu machen.

WIEDERHOLUNG UND ÜBUNGSENDE

Durch späteres Wiederholen, durch stete Wiederholung wird jede Übung vertieft, bis Kommando und Verhalten dauerhaft miteinander verknüpft sind. Aber übertreiben Sie es nicht. Nicht 20 Mal am Stück wird eine Übung wiederholt, bis dem Welpen auch wirklich der letzte Rest an Freude genommen ist und ihm das Ganze „zum Hals heraushängt".

Beenden Sie jede Übung rechtzeitig und lockern Sie den Hund durch angenehmes Spielen im Anschluss wieder auf. Verteilen Sie die Übungseinheiten über den ganzen Tag und mehrere Tage. Und noch etwas ist wichtig: Eine Übung wird nie „entnervt" beendet, weil sie nicht geklappt hat, sondern immer nur dann, wenn Sie zufrieden sein können und der Hund mit Erfolg und Lob aus der Übung herausgehen kann. Und wenn es bei einer späteren Wiederholung gleich auf Anhieb klappt, wird sie grund-

Zeigt Ihr Welpe in Ansätzen schon das von Ihnen gewünschte Verhalten, sind sofort Lob und damit positive Verstärkung fällig.

sätzlich sofort unter Lob beendet und zum Spiel oder zu einer anderen Übung übergegangen. Denn bei einer weiteren Durchführung würde der Hund nur unsicher, etwas – aber was? – falsch gemacht zu haben.

Ihr Hund ist im Welpenalter seelisch und körperlich noch nicht ausgereift. Dies müssen Sie sich immer wieder vor Augen führen, sei es beim Spielen oder bei den ersten Gehorsamsübungen wie „Sitz", „Ablegen" oder „Hier". Auch können Sie zum Beispiel bei den Vorübungen zum Bringen und auf den ersten kleinen Schleppen noch keine großen Leistungen erwarten. Sie wollen und sollen ihn ja nur an seine späteren Aufgaben heranführen.

SPIELERISCHE AKTIVITÄTEN

Ihr Welpe hat anfangs noch ein großes Schlafbedürfnis, die Schlafphasen überwiegen tagsüber noch die Aktivitätsphasen. Dies verschiebt sich mit zunehmendem Alter des Welpen immer mehr zu den Aktivitätsphasen. Wollen Sie mit Ihrem Hund spielen oder üben, wecken Sie ihn nicht, sondern warten ab, bis er ausgeschlafen hat. Dann aber will Ihr Hund auch beschäftigt werden, nachdem er zuvor Gelegenheit hatte, zu nässen oder sich zu lösen. Zunächst wird dann gespielt, lustbetontes Dummy-Apportieren, wobei das Dummy erst nur kurz, später auch etwas weiter geworfen wird. Etwa zwei Minuten genügen anfangs völlig. Dann brechen Sie das Spiel mit Lob ab. Überhaupt – jedes Spiel beginnt der Rudelführer, also Sie, und beendet es auch.

AN DER ÜBUNGSANGEL

Jetzt schließen sich die ersten Übungen an, zunächst ebenfalls die lustbetonten wie Hetzen, Greifen und Vorstehen an der Übungs- oder Reizangel. Das „Spiel" an der Übungsangel bereitet Ihrem Welpen große Freude. Und da liegt die Gefahr einer Überforderung sehr nahe, macht es einem doch auch selbst Spaß. Das Laufen hinter der An-

gel aber, der Wechsel aus Stoppen, Wenden und letztlich Greifen strengt Ihren Welpen körperlich sehr an. Deshalb kommt die Übungsangel anfangs nur etwa zwei Minuten zum Einsatz. Später, ab der 13. bis 14. Woche können es dann schon fünf Minuten sein. Auch hier gilt: Beenden Sie die Übung an der Reizangel immer dann, wenn Ihr Welpe zum Erfolg gekommen ist,

Lustbetontes Dummy-Apportieren ist zum Beispiel ein geeigneter Einstieg in die Übungseinheiten.

Die Arbeit mit der Reizangel strengt an. Achten Sie darauf, Ihren Welpen nicht zu überfordern!

TIPP
Schalten Sie die Übungen mit dem Welpen sinnvoll hintereinander. Wenig lustbetonte Gehorsamsübungen sollten immer erst nach den Dummy-Spielen und der Arbeit an der Reizangel durchgeführt werden. So hat der Welpe Gelegenheit, seinen ersten Bewegungsdrang abzureagieren. Ist er etwas müde, klappt es mit dem Gehorsam umso besser.

also den Greifgegenstand, zum Beispiel ein Stück vom Hasen- oder Fuchsbalg, gegriffen hat.

Nun folgen Übungen, die nicht lustbetont sind, „Sitz" also, „Ablegen" und „Hier". Auch diese Übungen dauern anfangs nicht länger als zwei Minuten. Mit zunehmendem Alter und zunehmender körperlicher Reife werden später auch die Spiel- und Übungs-

Nach lustbetonten Übungen folgen immer auch nicht lustbetonte.

zeiten länger; sie können dann auf vier bis sechs Minuten ausgedehnt werden.

Durch diese Abfolge möchte ich verdeutlichen, dass die Spiel- und Übungsphasen stets kurz, aber intensiv sein sollen. Dafür können Sie auch in fast jeder Aktivphase des Welpen wiederholt werden, aber täglich nicht mehr als vier bis fünf Mal.

„RUDELHIERARCHIE"

Wenn Sie meinem Rat gefolgt sind, haben Sie schon bei der Auswahl Ihres Welpen den dominantesten, also ranghöchsten Welpen ausgegrenzt und so einen Welpen ausgesucht, der etwa in der Mitte der Rangordnung stand. Doch auch dieser muss nun von Anfang an begreifen, dass Sie sein Rudelführer sind und er in der Hierarchie seines „Mensch-Hund-Rudels" an letzter Stelle steht – also auch hinter Ihrer Partnerin oder Ihrem Partner und Ihren Kindern. Er muss deshalb lernen, sich unterzuordnen, und dies gerade schon vom Welpenalter an, in dem er am lernfähigsten ist.

Auf keinen Fall darf der Welpe all die Vorzüge genießen, die Ihnen als Rudelführer und Ihrer Familie zustehen. Das Geheimnis des Erfolges bei der Hundeerziehung ist die Dominanz des Rudelführers. Der Hund als soziales Wesen braucht diese Dominanz. Vermisst er sie, versucht er – ähnlich wie dies in einem Wolfsrudel geschieht – Kopf des Rudels zu werden, und zwar mit der Konsequenz eines Hundes! Und dies kann und wird in vielen Fällen später zu erheblichen Auseinandersetzungen führen.

BASISREGELN

Ein paar Maßnahmen, die „Missverständnissen" in Bezug auf die Rangordnung von Anfang an vorbeugen helfen, werden wir auch im folgenden Kapitel noch kennenlernen. Ein paar grundsätzliche Dinge will ich hier schon ansprechen:

Erst wenn die Menschen gegessen haben, erhält der Hund sein Fressen.

— Der Welpe erhält sein Futter immer erst dann, wenn Sie und Ihre Familie gegessen haben. In keinem Fall bekommt er etwas vom Tisch!

— In der Wohnung hat der Hund tagsüber grundsätzlich auf seinem Platz zu liegen. Lassen Sie auf gar keinen Fall zu, dass er auf Ihren Sitzgelegenheiten Platz nimmt! Er würde dies nämlich nur als Aufstieg in der Rudelhierarchie werten.

— Außerdem muss er sich gefallen lassen, von allen Mitgliedern seines „Mensch-Hund-Rudels" überall am Körper angefasst zu werden, gerade auch über der Kruppe und am Fang. Manipulieren Sie auch öfter am Fang, ziehen ihm die Lefzen hoch und öffnen den Fang auch ganz.

— Die unverzichtbare Beißhemmung ist nicht angewölft! Sie als Rudelführer müssen sie erst entwickeln, und zwar auch von Anfang an. Hierauf gehe ich später noch ein.

Mit zunehmendem Alter Ihres Hundes müssen Sie damit rechnen, dass er gelegentlich versuchen wird, an der bestehenden Rangordnung zu rütteln, insbesondere dann,

Von allen Familienmitgliedern am Fang „betatscht" zu werden, muss der Hund dulden.

AUFREITVERSUCHE

Wenn der Welpe schon etwas älter ist, kann es durchaus vorkommen, dass er versucht, aufzureiten – vor allem bei kleinen Kindern. Dies ist nichts Sexuelles, sondern ein Dominanzverhalten, muss aber gerade deswegen auch energisch unterbunden werden. Greifen Sie dann unverzüglich ein und stellen Sie dieses Verhalten mit zumindest einem strengen „Pfui" ab.

Alle Maßnahmen der Früherziehung müssen an den Entwicklungsstand des Welpen angepasst sein.

wenn er meint, die eine oder andere Schwäche bei Ihnen erkannt zu haben. Wenn Sie dies bemerken, müssen Sie sofort mit Unterordnungsübungen beginnen, vom kleinen Gehorsam angefangen bis hin zum „Down" oder „Halt" und insbesondere „Halt – Vorwärts" beim etwas älteren Hund.

FRÜHERZIEHUNG GEMÄSS ENTWICKLUNGSSTAND

Die nachfolgenden Hauptkapitel zur Welpenanleitung ab Seite 68 folgen einer Einteilung in Wochenabschnitte, beginnend mit der 7. Woche und endend mit der 16. Woche. In der Praxis hat es sich bewährt, die in der gegenüberstehenden Tabelle zusammengestellten und in den jeweiligen Kapiteln näher ausgeführten Erziehungsziele,

Anleitungen und Förderungsmaßnahmen Ihres Welpen in der Regel auch in diesen Wochenabschnitten zu erreichen beziehungsweise durchzuführen.
Abhängig ist dies natürlich von der jeweiligen individuellen körperlichen und seelischen Entwicklung des einzelnen Welpen. Es gibt bei unseren Hunden Früh- und Spätentwickler, auch innerhalb einer Rasse. Darauf müssen wir uns einstellen. Es kann also durchaus zu Überlappungen in den einzelnen Zeitabschnitten kommen, was Sie zum Beispiel schon bei den Vorgaben zur 9. Woche feststellen können. In dieser Zeit gibt es grundsätzlich Überschneidungen.
Überlagerungen entstehen natürlich auch dadurch, dass die in den früheren Stadien begonnenen Übungen nicht am Ende der Phase schlagartig aus dem Programm fallen, sondern immer wieder wiederholt und gefestigt werden müssen.

WELPENENTWICKLUNG UND ERZIEHUNGSZIELE

ALTER	ENTWICK-LUNGSPHASE	BESCHREIBUNG/MERKMALE	ZIELE/ÜBUNGEN
1. bis 2. Woche	Vegetative Phase (Saug- und Schlafphase)	– Augenlider und Ohren noch geschlossen – Bewegungsreflexe werden ausgebildet – Überleben, Gewichtszunahme	– Erster Berührungs-/Körperkontakt mit dem Züchter – Gewöhnung an den Menschen
3. Woche	Übergangsphase	– Gehörgänge und Lidspalten öffnen sich (11. bis 13. Tag). – Umhertapsen in der Wurfkiste und enger Umgebung – Erste Kontakte mit den Wurfgeschwistern	– Vertiefung der Körperkontakte, auch mit den Menschen, und weitere intensive Gewöhnung an diesen
4. bis 7. Woche	Prägungsphase	– Sinnesleistungen fast voll entwickelt – Erkundungs- und Lerntrieb (ab ca. 5. Woche) setzt voll ein – Persönlichkeit des Welpen entwickelt sich – Erfahrungen aus dieser Phase werden nie mehr vergessen – Rangordnung im Wurf Ende der 7. Woche fast abgeschlossen	– Prägung auf „Artgenossen Mensch" intensivieren, Körperkontakte auch zu fremden Menschen herstellen – Gewöhnung an die Umwelt und optische wie akustische Reize (Züchter) – Welpenmeute mit ihrer weiteren Umwelt, Auto und Revier vertraut machen (Züchter) – Jagdliche Anlagen wecken und fördern: Meute-Beute-Spiele, Futterschleppen und ab 6. Woche, Einsatz der Übungsangel (Züchter)
8. bis 12. Woche		– Lernfähigkeit des Welpen kommt zu voller Entfaltung – Bestimmende Entwicklung des Sozialverhaltens, vor allem im Spiel mit gleichaltrigen Artgenossen und Menschen – Zunehmende Selbstständigkeit und -sicherheit	– Übernahme durch den Besitzer und Eingewöhnung in neue Umgebung – Gewöhnung an neue Sozialpartner, Aufbau der Bindung und Vertrauensbasis zum Führer – Apportier-Spiele mit Welpen-Dummy – Erlernen der Beißhemmung – Stubenreinheit – Leine und Halsung – Futterschleppe und Hasenspur – Kleiner Gehorsam – Gewöhnung Wasser und Schussknall – Reviererkundung – Erste kleine Schleppe
13. bis 16. Woche	Rangordnungsphase	– Allmähliches Ausklingen der sensiblen Phasen – Fortsetzung des sozialen Verhaltens – Festigung der Rangordnung in der Mensch-Hund-Meute	– Heranführung an die späteren Aufgaben durch Wiederholung der Übungen festigen – Unterordnung des Welpen durch (Meute-)Führer festigen – Vertrauen weiter ausbauen – Gewöhnung an die weitere Umgebung und Umweltreize, Ausflüge in die Stadt – Erste Arbeiten auf Wundfährte

LEHRGÄNGE UND AUSBILDUNGSHILFEN

Ihren Hund sollten Sie nicht ganz allein erziehen, anleiten und ausbilden. Im Kreise mehrerer Hundeführer geht es besser, macht auch mehr Freude und vor allem weniger Arbeit.

WELPENSPIELTAGE UND HUNDEAUSBILDUNGS-LEHRGÄNGE

Setzen Sie sich, sobald Sie sich Ihren Welpen beim Züchter ausgesucht haben, zunächst mit dem Hundeobmann Ihrer Jägerschaft in Verbindung, nehmen Sie notfalls auch Kontakt zu benachbarten Jägerschaften auf und erkundigen Sie sich, ob, wann und wo zum Beispiel Welpenspieltage und/oder Hundeausbildungslehrgänge angeboten werden.

Wohnt Ihr Züchter in Ihrer Nähe, sprechen Sie auch ihn an. Ich habe es wiederholt erlebt, dass auch ein Züchter Welpenspieltage unter seiner Leitung anbot. Nicht selten setzt er die Teilnahme seiner Welpenkäufer daran, sofern sie in vernünftiger Entfernung wohnen, mehr oder weniger stillschweigend voraus. Auch mit dem nächstgelegenen Zuchtverein Ihrer Rasse sollten Sie Verbindung aufnehmen, ebenso zu einem Jagdgebrauchshundeverein. An Welpenspieltagen sollten Sie auf alle Fälle mit Ihrem Hund teilnehmen. Wenn möglich, auch an einem

Die Jüngsten in Gruppen lernen zu lassen, gehört heute zum Standard.

1: Halsung mit Zugstoppring, 2: (BioThane®-)Umhängeleine mit integrierter Halsung, 3: Lederumhänge-leine mit Schnapphaken-Schloss, 4: Lange Kunstfaser-Feldleine

Hundeausbildungslehrgang. Dazu im Kapitel „Welpenspieltage" mehr.

AUSRÜSTUNGS-GEGENSTÄNDE

Für die Anleitung Ihres Welpen und die weitere Ausbildung Ihres Junghundes sind ein paar Ausrüstungsgegenstände vonnöten, die Sie rechtzeitig beschaffen sollten. Die Grundausrüstung sollte umfassen:

Welpenhalsung oder -geschirr Auch Geschirre haben sich für Welpen bewährt. Sie werden gegen eine Halsung ausgetauscht, wenn der Hund gelernt hat, nicht zu ziehen.

Umhängeleine mit Scherenzange/Ablaufleine Auf Druck gibt das Scherenzangen-Schloss die Leine einseitig frei und lässt sie durch den Halsungsring gleiten – der Hund ist blitzschnell geschnallt. Vorteil dieser Leine gegenüber der kurzen Führleine: Sie haben Ihre beiden Hände frei. Ein schnelles Freigeben des Hundes ist auch möglich mit einer Ablaufleine, einer einfachen durch den

Halsungsring gezogenen Schnur, deren beide Enden gleich lang sind und gehalten werden. Gibt man ein Ende frei, läuft die Schnur auf Zug durch den Ring und der Hund ist frei.

Umhängeleine mit gekoppelter Halsung und Karabinerhaken Auf Druck ist der Hund geschnallt, die Halsung bleibt an der Leine. Gut für die Wasserarbeit.

Kunstfaser-Feldleine, 30 bis 40 Meter lang Für die Übungen mit dem Welpen und auch später ein unverzichtbares, vielseitiges Hilfsmittel. Sie gewährt dem Hund viel Bewegungsspielraum, hindert ihn als „verlängerter Arm" jedoch daran, sich Ihrer Einwirkung zu entziehen. Zur Vermeidung von Verletzungen sollte die Leine nur mit Handschuhen benutzt werden!

Dummys und kleine Apportierböcke Diese Gegenstände dienen dem „Apport-Spiel" und der ersten Anleitung im „Apport". Umwickeln Sie diese Hilfsmittel mit einem Stück Hasen- oder Kaninchenbalg – Ihr Hund tut sich leichter und hat mehr Freude an der Arbeit.

Reiz-/Übungsangel Ein ungefähr drei Meter langer Stock aus elastischem Holz (zum Beispiel Haselnuss) mit einer daran bestigten, ähnlich langen Schnur. Ans Ende der Schnur kommt ein Greifgegenstand, ein Stück Balg, Fuchslunte, Schwarte, eine Entenschwinge oder Ähnliches als „Beute".

Breite Schweißhalsung/Schweißgeschirr und Schweißriemen Die lederne oder aus Kunststoffmaterial bestehende Schweißhalsung muss so breit sein, dass sie Ihren Hund nicht schmerzt und behindert, wenn er sich bei auf der Wundfährte kräftig in den Riemen legt. Alternativ haben sich auch Schweißgeschirre bewährt. Für den noch kleinen Welpen genügt zunächst auch ein normales Hundegeschirr. Der Schweißriemen sollte möglichst mindestens acht Meter lang sein.

Doppelpfeife Eine Pfeife Pfiff und Triller für akustische Signale (Lautzeichen).

Wurfkette oder „Klapperdose" Mit einem kurzen Stück Eisenkette oder einer mit einigen Kieselsteinen gefüllten Getränkedose, deren Trinköffnung wir zukleben, wird der Hund bei unerwünschtem

Verschiedene Dummys, ganz rechts eines mit Fellüberzug

Schweißhalsung (1), Schweißgeschirr (2) und Schweißriemen (3)

Verhalten auf größere Entfernung erschreckt. Selbstverständlich werden diese Gegenstände immer nur in die Nähe des Hundes geworfen!

Gefrostetes Wild Sowohl tiefgefrorenes Raubwild, wie zum Beispiel Iltis, Steinmarder oder Fuchswelpe und später Jungfuchs, als auch gefrostetes Nutzwild, zum Beispiel Ringeltaube oder Ente, später auch Kanin.

Wurfkette und Klapperdose mit Steinen

AKUSTISCHE UND OPTISCHE ZEICHEN

Ihr Hund kann erst nach zahlreichen Wiederholungen verknüpfen, welches Tun oder Unterlassen Sie auf ein immer gleiches und immer im selben Tonfall gesprochenes Kommando, einen akustischen Befehl also, von ihm erwarten. Denn die Bedeutung des gesprochenen Wortes versteht er natürlich nicht. Wichtig ist also, dass Sie für ein und dasselbe Tun auch immer dasselbe Lautzeichen mit möglichst gleicher Betonung geben. Ob Sie ihn mit „Hier", „Hierher" oder „Komm" hereinholen, ihn mit „Sitz" oder „Sitzen" sich setzen lassen und mit „Platz" oder „Ablegen" sich hinlegen lassen, ist grundsätzlich natürlich völlig egal. Nur achten Sie darauf, dass die jeweiligen Lautzeichen kurz und prägnant sind und sich akustisch zweifelsfrei voneinander unterscheiden. Einmal gewählt, wird das Lautzeichen selbstverständlich nie mehr gewechselt.

VERBINDUNG VON LAUT- UND SICHTZEICHEN

Hat der Welpe das Lautzeichen richtig verknüpft, also „verstanden", was er daraufhin zu tun hat, wird das Lautzeichen mit einem markanten Sichtzeichen, einem optischen Signal verbunden: Eine bestimmte, stets gleiche Bewegung für ein bestimmtes Tun oder Unterlassen, auf das der Hund als „Bewegungsseher" häufig besser reagiert

Einfach, aber sehr nützlich – die Übungs- oder Reizangel: Stock und Schnur plus Greifobjekt

Der einfache Pfiff oder Doppelpfiff und der Triller-pfiff sind übliche Lautzeichen für „Komm" und „Ablegen".

Später werden die Lautzeichen mit Sichtzeichen (hier Trillerpfiff plus hochgereckter Arm: „Ab-legen") verbunden.

PRAXISBEWÄHRTE LAUT- UND SICHTZEICHEN

„Fuß" Stehen bleiben und kreisende Handbewegung des rechten, auf den Rücken gekehrten Unterarmes (ohne Foto)

„Sitz" Heben des rechten Zeigefingers bei angewinkeltem Arm

„Ablegen" abgespreizter, abgesenkter linker Arm mit nach hinten gekehrter Handfläche

„Hier" Stehen bleiben, den seitlich ausgestreckten Arm wiederholt an den Oberschenkel schlagen

als auf ein entsprechendes Lautzeichen. Bald verknüpft der Hund auch das Sichtzeichen mit dem von ihm verlangten Verhalten. Besondere Bedeutung haben Sichtzeichen natürlich in der Jagdpraxis. Haben Sie während des Reviergangs ein Stück Wild ausgemacht und möchten es nun ohne Hund anpirschen, können Sie zuvor kaum laut das Kommando „Ablegen!" geben. Bei der Pirsch – ohnehin eher ein Stehen als ein Gehen – muss der Hund lautlos und nur über Sichtzeichen so-wohl abgelegt als auch wieder herange-holt werden.

Die wichtigsten Lautzeichen dürften der „Pfiff" oder „Doppelpfiff" und der „Triller" sein. Beide dienen der akustischen Verstän-digung zwischen Führer und Hund auf gro-ße Entfernung und treten als weitere Laut-zeichen neben das „Hier" und das „Down". Den Trillerpfiff setzen Sie bei der Anleitung des Welpen aber noch nicht ein. „Down" und Trillerpfiff sind Sache der Grundausbil-dung.

Ich selbst verwende die in der Infobox auf-geführten kombinierten Laut- und Sicht-zeichen. Sie sind natürlich nur als Vorschlag zu verstehen, für den Hund klar zu unter-scheiden und haben sich in der Praxis sehr gut bewährt.

Das übliche Sichtzeichen für „Sitz" ist der erhobene Zeigefinger.

Eine Sichtzeichen-Möglichkeit für „Hier" oder „Komm" ist z. B., sich mit dem seitlich ausgestreckten Arm wiederholt an den Oberschenkel zu schlagen.

7. BIS 9. WOCHE

WELPENÜBERNAHME UND -EINGEWÖHNUNG

Irgendwann kommt der Tag, dem Sie entgegenfiebert haben – Sie holen Ihren zukünftigen Jagdgefährten vom Züchter ab. Zu welchem Zeitpunkt der Welpe idealerweise von der Wurfgemeinschaft getrennt wird, ist aber selbst heute noch nicht ganz unstrittig.

ZEITPUNKT DER WELPENÜBERNAHME

Die amerikanischen Verhaltensforscher Scott und Fox haben aufgrund ihrer Forschungsergebnisse exakt den 49. Tag, also das Ende der 7. Woche, als günstigsten Zeitpunkt für den Wechsel des Welpen in sein neues „Rudel" festgestellt. Die Wissen-schaftler aus Übersee begründen ihre Auffassung unter anderem damit, dass

— die Einflüsse der Rangordnung auf den Welpen abgebrochen werden sollen, bevor der Hund endgültig und für alle Zeiten auf einen Platz in der Rangordnung der Welpenmeute geprägt ist,

— der Welpe gerade in der 7. bis 12. Woche, also am Ende der Prägungsphase und in-

Nicht zuletzt um den Einfluss der Rangordnung auf Ihren Welpen zu beenden, sollten Sie ihn im Alter von acht Wochen übernehmen.

nerhalb der Sozialisierungsphase, insbesondere dann in der 8. Woche, die erforderliche, enge Bindung zum Menschen und vor allem seinem Führer und neuen Meutechef aufbauen kann,

— es auch der richtige Zeitpunkt sei, an dem der Führer als künftiger Ausbilder an die Stelle der lehrenden Mutterhündin tritt.

Die Begründung der Amerikaner scheint auch deshalb einleuchtend, weil der Welpe zu diesem Zeitpunkt sowohl eine gewisse Selbstständigkeit erreicht hat als auch hinsichtlich Ernährung bereits unabhängig ist. Deutsche Verhaltensforscher bezeichnen dagegen die Zeit vom Ende der 8. bis einschließlich der 10. Woche als den bestgeeigneten Zeitpunkt zur Welpenabgabe.

ENTSCHEIDEND: SOZIALISIERUNG AB DER 8. WOCHE

Wie auch immer – ganz wesentlich ist jedenfalls die Tatsache, dass der Welpe ab spätestens der 8. Woche bis hin zur 12. Woche sozialisiert werden, also lernen muss, eine soziale Partnerschaft zu Artgenossen und zu seinem Rudelführer Mensch zu begründen. Da außerdem in diesem Zeitraum auch schon die ersten Erziehungsmaßnahmen greifen und die jagdlichen Anlagen geweckt und gefördert werden müssen, dürfte nach meiner Auffassung ein Abgabezeitpunkt nach der 9. Woche deutlich zu spät sein. Wenn möglich sollte der Kontakt zum Welpen hergestellt sein und dieser abgeholt werden, nachdem man zuvor etwa ab der 4. bis 5. Woche die Wurfgemeinschaft mehrmals besucht und bei gemeinschaftlichem Spiel beobachtet hat.

ZAHLUNG ZUG UM ZUG

Den Welpenpreis sollten Sie Zug um Zug gegen Aushändigung der Papiere, der Ahnentafel und des Impfausweises also, und – dies ist Grundbedingung – unter dem Vorbehalt einer tierärztlichen Untersuchung zahlen. Dafür muss jeder vernünftige Züch-

Vorsicht ist kein Fehler. Zahlen Sie den vollen Kaufpreis erst nach Erhalt der Papiere und einem tierärztlichen „Check" des Welpen.

ter Verständnis haben. Die Untersuchung sollten Sie dann fairerweise auch innerhalb von drei Tagen durchführen lassen.

UMSTELLUNG MIT HILFE

Im Alter von sieben bis acht Wochen, also etwa zu Beginn der Sozialisierungsphase, heißt es also für Ihren Welpen, Abschied zu nehmen. Führen Sie sich vor Augen, was dies bedeutet: Er wird schlagartig von der

TIPP

Übergeben Sie dem Züchter einige Tage vorher ein getragenes T-Shirt, eine Decke, ein benutztes Handtuch oder sonst ein Stück Stoff, mit dem die Wurfgemeinschaft spielen kann. Am Abholtag nehmen Sie den Gegenstand wieder mit zurück und geben ihn Ihrem Welpen zum Spielen. Die Wittrung der Wurfgemeinschaft, die am Stoff haftet, wird dem kleinen Kerl über den ersten „Trennungsschmerz" helfen und die Eingewöhnung in der neuen Umgebung erleichtern.

Eine Decke oder ein altes Kleidungsstück, frühzeitig beim Züchter gelassen, hilft über den ersten Trennungsschmerz hinweg.

Das darf nicht sein – verbannen Sie den Welpen auf der Fahrt nach Hause nicht einfach nach hinten!

Auf dem Schoß der zukünftigen Bezugsperson ist der Welpe auf der Fahrt ins neue Heim richtig aufgehoben.

gewohnten Umgebung, den Wurfgeschwistern, der Mutterhündin und bekannten Personen getrennt – von allem also, was ihm bisher vertraut war und seiner kleinen Existenz die notwendige Sicherheit gab.

Diese schweren Stunden kann und wird er nur mit Ihrer Hilfe und Zuneigung überwinden. Allein aus diesem Grund sollte es für Sie eine Selbstverständlichkeit sein, Ihren Welpen selbst vom Züchter abzuholen.

DIE ERSTE AUTOFAHRT
MIT NEUEM „CHEF"

Unterschätzt werden darf in diesem Zusammenhang auch die erste Berührung mit dem Auto nicht. Soll es künftig ein zweites Zuhause für den Welpen sein, muss er sich gleich beim ersten Mal darin wohlfühlen! Den ersten Schritt dazu hat hoffentlich schon der Züchter getan, indem er den Wurf bereits mit Autos vertraut machte.

Verstauen Sie nun den Welpen nicht wie Frachtgut in einer Kiste oder im Kofferraum – bei der ersten Fahrt ist Ihr Schoß der richtige Platz! Nun können Sie das Kerlchen mit Ihrer Stimme beruhigen, es streicheln und Hautkontakt herstellen. Selbstverständlich ist der Kleine dabei mit Geschirr und kurzem Anschnallgurt gesichert.

Einmal entspannt, wird sich der Welpe bald zusammenrollen und seinem noch großen Schlafbedürfnis nachgeben, insbesondere wenn er kurz vor dem Abholen noch eine ausgiebige Aktivitätsphase hatte.

IM NEUEN ZUHAUSE

Gerade die ersten Stunden und Tage der Eingewöhnung in eine völlig neue Umwelt nach dem Absetzen von der Hündin und dem Verlust der Wurfgeschwister bedeuten für Ihren Welpen eine ungeheure Umstellung.

Er braucht Sie jetzt, um die Vielzahl neuer Eindrücke verarbeiten zu können. Neben den visuellen und optischen „Neuigkeiten", die mit Auto, Einrichtungsgegenständen und neuen Zweibeinern verbunden und auch für uns nachvollziehbar sind, ist der Welpe vor allem auch einer Vielzahl unbekannter „Gerüche" ausgesetzt – vergessen Sie das nicht. Die feine Hundenase nimmt auch schon im Welpenalter für sie beeindruckende Dinge wahr, an die wir Menschen oft nicht denken.

FESTLEGUNG DER RANGORDNUNG

In den nun folgenden Tagen und Wochen müssen Sie Ihrem Welpen alles sein: Bezugsperson, Lehrer an Stelle der Mutterhündin und Rudelführer – dies besonders in der später folgenden Rangordnungsphase. Nach

Ihnen richtet der Welpe nun sein Sozialverhalten aus, deshalb müssen Sie ihm gerade in dieser Phase viel Zeit widmen. Überlassen Sie ihn nicht nur Ihrer Familie und schieben Sie ihn auf gar keinen Fall in den Zwinger ab!

Die Trennung von den Geschwistern und der gewohnten Umgebung ist eine dramatische Zäsur für den Welpen. Er braucht jetzt Sie!

WELPE UND KINDER

Als Rudelführer, als Lehrer kann Ihr Hund natürlich nur eine Person anerkennen, Sie also. Er muss zwar gleichwertiges Familienmitglied werden, allerdings nicht gleichrangiges. In der Hierarchie seines neuen Rudels steht er an letzter Stelle, auch und vor allem hinter Ihren Kindern. Das muss dem Welpen von Anfang an eindeutig klar gemacht werden. Er kann dabei durchaus Spielkamerad Ihrer Kinder sein – wenn diese vom Alter her in der Lage sind, sich gegen den Welpen zu behaupten. Bei kleinen Kindern können Sie Ihre eigene führende Alpha-Stellung mit auf das Kind übertragen, in dem Sie dem Tun, dem Handeln des Kindes „volle Rückendeckung" geben.

Nehmen Sie dem Welpen gelegentlich die Futterschüssel weg, während er noch frisst, oder den Kauknochen aus dem Fang und setzen Sie durch, dass er dies auch von allen übrigen Mitgliedern „seines Rudels" bis hin zum kleinsten Kind duldet. Lehnt er sich etwa dagegen auf, will er seine „Beute", sein Fressen verteidigen, greifen Sie als Rudelführer sofort mit scharfer Stimme und dem „Über-den-Fang-Griff" ein.

Diese Maßnahmen tragen mit zur richtigen Rangordnung bei. Überflüssig zu sagen, dass Sie aber bei solchen „Übungen" stets in unmittelbarer Nähe von Hund und Kindern bleiben müssen, um notfalls eingreifen und das „Recht" der Kinder durchsetzen zu können, denn Welpenzähne sind sehr spitz. Schärfen Sie auch Ihren Kindern ein, dass solche „Machtspielchen" nie in Ihrer Abwesenheit stattfinden dürfen.

Noch einmal: Der Welpe muss von Anfang an akzeptieren, von allen Familienmitgliedern, gerade auch von Ihren Kindern, überall und vor allem über der Kruppe und in Höhe der Rutenwurzel angefasst zu werden. Gerade dies ist eine für den Hund sehr beeindruckende Dominanzgeste der höhergestellten Rudelmitglieder.

Eine Maßnahme zur Implementierung der Rangordnung: Der Welpe muss dulden, dass Sie ihm die Futterschüssel wegnehmen.

Und er muss es auch von der ganzen Familie, also auch den Kindern, hinnehmen. Sie sind natürlich in der Nähe und sichern ab.

KINDER UND HUND: WIN-WIN

Ein Hund hat für Kinder übrigens einen hohen pädagogischen Wert: Kind und Hund lernen voneinander, und dies im Spiel. Der Hund ist dabei Erziehungshilfe für Verantwortungs- und Pflichtbewusstsein, für Geborgenheit und Zuneigung, Rücksichtnahme und Fürsorglichkeit, aber auch Ordnungsliebe und Pünktlichkeit.

Wissenschaftlich erwiesen ist auch, dass ein Hund zudem die Beobachtungsgabe von Kindern schärft. Durch das unbewusste Kommunikationstraining mit dem Hund lernen unsere Kleinen, die Feinheiten nonverbalen Verhaltens wie Mienenspiel, Gesten und Gebärden zu beachten. Dies steigert ihre soziale Sensibilität und Wahrnehmungsfähigkeit.

Hunde prägen, fordern und fördern Kinder. Dies erkennen Sie auch daran, wie Kinder über Hunde reden: „Mein Hund hat immer Zeit für mich" oder „Er hört auch zu" und „Er tröstet mich, wenn ich traurig bin" oder „Er nimmt mich für voll".

UMGANG MIT DEM WELPEN

Wenn möglich, nehmen Sie sich zum Zeitpunkt der Übernahme und Eingewöhnung

Urlaub und widmen die ersten fünf bis acht Tage ganz Ihrem Welpen und künftigen Jagdhelfer. Zeigen Sie ihm stets Ihre Zuneigung, bieten Sie ihm Schutz und Geborgenheit.

Kinder und Hunde profitieren gegenseitig voneinander.

„Tauziehen" lieben wohl alle Welpen. Aber Vorsicht, solange der Kleine noch seine Milchzähne hat!

„SPIELEND" VERTRAUEN SCHAFFEN

Vor allem aber – spielen Sie ausgiebig mit ihm, vor allem „Apportieren" mit einem Welpen-Dummy beziehungsweise dem kleinen Apportierholz, oder veranstalten Sie zum Beispiel Tauziehen mit einem alten Handtuch.

Das gemeinsame Spiel bindet und schafft Vertrauen. Und achten Sie bei Bring-Spielen schon jetzt darauf, dass der Welpe den Apportiergegenstand möglichst so lange fest im Fang hält, bis Sie ihn ihm abnehmen. Der

Wenn Sie selbst zeitweise verhindert sind, sollte sich ein Familienmitglied um den Neuankömmling kümmern. (Abb. KI-unterstützt)

Welpe lernt so von Anfang an, in Ihre Hand auszugeben. Lässt er den Apportiergegenstand jedoch fallen, geben Sie ihm ihn wieder in den Fang mit dem Kommando „Apport – festhalten". Mit „Aus" nehmen Sie ihn ihm wieder ab und werfen ihn sofort erneut.

ZERRSPIELE MIT AUGENMASS

Aber Vorsicht bei Tauzieh-Spielen oder anderem Kräftemessen mit dem Welpen – zu grob darf es nie sein: Die Milchzähne des Welpen sind empfindlicher als das spätere Dauergebiss und auch nicht so fest im Kiefer verankert. Sie können auch einmal ab- oder ausbrechen! Dem Welpen selbst fehlt oft das richtige Maß.

GEMEINSAM RUHEN

Nach kleinen Spaziergängen, gemeinsamen Erlebnissen und nach ausgiebigem Spiel machen Sie Ihrem Welpen übrigens eine Riesenfreude, wenn Sie nun auch mit ihm zusammen ruhen, zum Beispiel auf einer Decke im Garten. Für den Hund ist dieses Kontaktliegen wie in der Wurfgemeinschaft eine ganz besondere Belohnung und trägt auch zur Partnerbindung bei.

Wie wichtig es ist, dass gerade Sie als künftiger Rudelführer in den ersten Stunden und Tagen nach der Übernahme Ihres Welpen vom Züchter für ihn da sind, verdeutlicht das Beispiel im Kasten.

ZUR NOT EIN FAMILIENMITGLIED

Soweit es Ihnen wirklich nicht möglich sein sollte, gerade in dieser Zeit für Ihren zukünftigen Jagdhelfer ununterbrochen da zu sein, also Urlaub zu nehmen, veranlassen Sie aber, dass auf jeden Fall ein Familienmitglied Ihre Stelle einnimmt, um Ihrem Welpen die Umstellung und Eingewöhnung tagsüber zu erleichtern. Zumindest nach Feierabend sind dann allerdings Sie wieder gefordert. Denn der Welpe braucht Sie als Rudelführer, an den er sich binden kann, zu dem grenzenloses Vertrauen erwächst.

ERSTE ERZIEHUNGS-MASSNAHMEN

Gleich zu Anfang stehen für Ihren Welpen schon die ersten kleinen Erziehungsmaßnahmen an, die das künftige Miteinander erleichtern und selbstverständliche Routinen schaffen.

LIEGEPLATZ

Im Haus weisen Sie dem Neuankömmling von Anfang an einen zugfreien, ruhigen Liegeplatz zu, an dem er Ruhe findet und seinem noch großen Schlafbedürfnis nachgehen kann. Auf einer Filzmatte oder einer speziellen Hundedecke aus dem Handel fühlt er sich wohl. Dies gilt natürlich auch für die Sauschwarte. Hat der Welpe sein Lager verlassen, führen Sie ihn mit dem Be-

fehl „Platz" oder „Auf deinen Platz" konsequent immer wieder zurück und drücken ihn dort notfalls auch nieder. Die Liegestelle machen Sie ihm natürlich so angenehm wie möglich und loben ihn, sobald er sich dort niederlegt. Dieses Lob können Sie auch hin und wieder durch Futterbrocken verstärken.

BEISSHEMMUNG

Bei den ausgiebigen Spielen soll Ihr Welpe nicht nur eine enge Bindung an seinen neuen Führer entwickeln, sondern muss auch gleich die sogenannte Beißhemmung erlernen. Dazu darf er Ihre Hand oder auch Ihren Fuß „beknabbern". Machen Sie Ihrem

Weisen Sie dem Welpen einen festen Platz in der Wohnung zu.

Knabbern ist erlaubt, wehtun darf es nicht. Die Beißhemmung ist Erziehungssache.

Welpen nun klar, dass Knabbern und besonders Beißen – gerade mit den spitzen Welpenzähnen – weh tun kann. Zeigen Sie ihm dies durch einen Schmerzlaut und „strafen" Sie ihn gleichzeitig mit einem scharfen „Nein", durch Entzug seiner „Beute" oder mit dem Griff über den Fang, der unter den Caniden üblich ist. Dies wiederholen Sie, bis Ihr Welpe auch seinen Futterbrocken „zärtlich" greift, also fast ohne dabei Ihre Hand zu berühren.

STUBENREINHEIT

Der Welpe muss natürlich möglichst schnell stubenrein werden. Dass er das tut, liegt nicht zuletzt auch im Interesse des Familienfriedens und Haussegens.

NACH DEM FRESSEN UND DEM SCHLAFEN

Fast immer kurz nach dem Fressen muss sich ein Welpe lösen, nach fast jeder Schlafphase Urin absetzen. Dies bedeutet, dass Sie ihn sofort nach dem Aufwachen, unmittelbar nach dem Fressen und etwa alle zwei Stunden ins Freie zu bringen haben. Tragen Sie ihn dabei, damit er kaum Gelegenheit hat, schon auf dem Weg dahin „zur Sache zu kommen". Setzen Sie ihn auch immer wieder an derselben Stelle ab, an der er das letzte Mal genässt oder sich gelöst hat, und ermuntern Sie ihn nun, sein Geschäft zu verrichten. Die Wittrung dort sagt ihm bald, was Sie von ihm erwarten. Wenn er sich gelöst hat, ist anfangs wieder ein kräftiges Lob fällig!

Um den Welpen schnell stubenrein zu bekommen, müssen Sie ihn also in der ersten Zeit viel beobachten. Beginnt er zum Beispiel, im Zimmer unruhig umherzusuchen, tragen Sie ihn mit der Frage „Musst du raus?" oder einem ähnlichen Zuspruch sofort ins Freie.

WENN EIN MALHEUR PASSIERT

Passiert es doch einmal, dass sich der Welpe in der Wohnung löst, hilft kein Strafen! Machen Sie auf keinen Fall solch einen Unsinn, wie den Fang in die Exkremente zu stoßen! Der Welpe verknüpft allenfalls Ihren Unwillen mit dem Kot oder Urin selbst, nicht aber mit dem Unterschied zwi-

Immer an die gleiche Stelle gebracht, kapiert der Welpe rasch, dass er sich lösen kann und soll.

schen drinnen und draußen. Rauben Sie der Stelle mit einem scharfen Desinfektionsmittel den Reiz für Wiederholungstaten und – passen Sie beim nächsten Mal vorher besser auf!

STUBENREINHEIT UND FUTTER

Nicht nur für eine leichtere Umstellung und Eingewöhnung des Welpen, sondern auch hinsichtlich Stubenreinheit und problemloser Verdauung empfiehlt es sich, anfangs auf „Futterexperimente" zu verzichten. Geben Sie dem Welpen zunächst das Futter, das der Züchter zuletzt gefüttert hat.

HILFSMITTEL KISTE

Können Sie den Welpen nicht ständig beobachten, setzen Sie ihn in eine kleine Kiste oder einen stabilen Karton, deren Höhe ein unbemerktes Aussteigen verhindert. Sein eigenes Lager wird der Welpe nur im äußersten Notfall beschmutzen und sich in der Regel bemerkbar machen. Bei dieser Methode müssen Sie Ihren Zögling zumindest in den ersten Tagen aber konsequent alle zwei Stunden ins Freie tragen. Macht er sich bemerkbar, reagieren Sie natürlich sofort!

Ein ähnlicher „Trick" hilft übrigens auch nachts. Der Verdauungsapparat des Welpen kann in den ersten Tagen unmöglich Urin oder Kot eine ganze Nacht halten. Wenn Sie sich nicht den Wecker im Zwei-Stunden-Takt stellen wollen, müssen Sie dafür sorgen, dass Sie mitbekommen, wenn der Hund hinaus muss. Hier helfen ein Holzbrett oder eine andere verrückbare Barriere vor der Welpenkiste, die ja im Idealfall anfangs in Ihrem Schlafzimmer steht. Bei dem Versuch, die Kiste zu verlassen – seinen Schlafplatz verunreinigt ein Welpe nie, wenn es sich vermeiden lässt –, fällt das Hindernis um und weckt Sie auf, wenn Ihr Schlaf nicht abgrundtief ist. Nun müssen Sie natürlich heraus aus den Federn und den Welpen hinaustragen.

FÜTTERUNGSRATSCHLÄGE

Futter und Fütterung sind nicht nur Hilfsmittel der Ernährung. Geben Sie Ihrem Welpen später außer zerkleinertem Handelsfutter auch regelmäßig größere Fleischstücke vom Rind, die er vor dem Schlucken begeistert und selbstständig greifen, schütteln und zerreißen kann. Denn dieses instinktive Beuteln „seiner Beute" hat auch eine Bedeutung für den Lernprozess und ist ein Vortraining für das spätere schnelle Töten eines kranken Stückes Wild. Und geben Sie später Ihrem Welpen gelegentlich schon regelrecht „anbrüchiges" Fleisch. Graben Sie zum Beispiel Rinderkehlköpfe vor dem Verfüttern ein bis zwei Wochen ein. Zu einseitige Fütterung kann zu Ernährungsdefizit des Hundes und zum Anschneiden führen. Ein ausgeglichen ernährter Hund schneidet in der Regel nicht an.

Wenn Sie dem Welpen so tagsüber und nachts konsequent keine Möglichkeit geben, sich im Haus zu lösen, ist das Thema Stubenreinheit oft nur eine Sache weniger Tage!

Tragen Sie den Kleinen nach jedem Fressen und Schlafen ins Freie, damit nicht unterwegs schon etwas schiefgeht.

KAUEN, KNABBERN UND CO.

Jeder Welpe hat ein natürliches Kau- und Knabberbedürfnis, das er stillen muss. Deshalb ist zunächst nichts vor seinen Zähnen sicher: Werden Tischbeine, Teppiche oder Schuhe benagt, ist dies nur ärgerlich. Bei Stromkabeln wird es dann schon richtig gefährlich für Hund und Wohnung! Es hilft nun gar nichts, Ihrem jungen Hund einen Ihrer ausrangierten Schuhe zu überlassen, denn für ihn ist Schuh Schuh und eine solche Schenkung nur die Aufforderung, mit dem nächsten Paar weiterzumachen.

VERLEIDEN, ABER RICHTIG

Verleiden Sie ihm diese Knabberei von Anfang an und konsequent mit einem strengen „Pfui" und/oder den anderen bereits erwähnten „Strafmaßnahmen".

GEFÄHRLICH: DER BLICK IN DIE AUGEN

Blicken Sie anfangs Ihrem Welpen nie länger in die Augen! Was unter uns Menschen eine gängige Geste der Kommunikation und Aufmerksamkeit ist, gilt unter Hunden wie unter ihren Urahnen als massive einschüchternde Drohgebärde. Unterschätzen Sie die Wirkung nicht: Wird das feste Fixieren der Augen zum Standardinstrument im Umgang mit dem Welpen, kann dessen Selbstsicherheit bleibenden Schaden nehmen. Tiefe Verunsicherung gegenüber dem Partner Mensch wäre die Folge.

Vermeiden Sie anfangs aber bei Ihrem Welpen den längeren Auge-in-Auge-Blick, wie er in der Kindererziehung durchaus üblich ist. Den Blickkontakt zwischen dem Hund

Machen Sie dem Welpen von Anfang an unmissverständlich klar, dass Schuhe, und zwar alle, tabu sind.

Der Welpe reagiert stark verunsichert und beschwichtigend auf das Anstarren. Vermeiden Sie anfangs unbedingt den direkten Augenkontakt!

und Ihnen, später bei vielen Arbeiten unabdingbar, müssen Sie äußerst langsam und schrittweise aufbauen, in entspannter Atmosphäre mit anfänglich nur streifenden Blicken.

Wie gesagt, muss das Knabber- und Kaubedürfnis des Welpen jedoch gestillt werden. Geben Sie ihm dazu ruhig größere Kalbsknochen, davon hat er auch länger etwas. Auch rohes Fleisch sollen Sie ihm hin und wieder gönnen – aber niemals vom Schwein, an dem sich Hunde mit der Aujeszkyschen Krankheit (Pseudowut) infizieren können!

Das Kau- und Knabberbedürfnis des Welpen kann zum Beispiel mit einem Kalbsknochen gestillt werden.

FEHLVERHALTEN KONSEQUENT ABSTELLEN

Ebenso müssen Sie auch jede andere unerwünschte Verhaltensweise Ihres Hundes unterbinden, verleiden also, und zwar konsequent. Vergessen Sie niemals, dass jeder Welpe, auch Ihrer, die Konsequenz seines Rudelführers immer wieder testen wird. Dem Welpen wird das Fehlverhalten verunmöglicht, also unmöglich gemacht (durch Anleinen, Wegnehmen ...) oder er wird mit angepasst scharfer Stimme ermahnt.

Beruhigen Sie den Welpen, dann wird sich sein Widerstand gegen die Leine bald legen.

ANFÄNGE DER LEINENFÜHRIGKEIT

Sobald sich Ihr Welpe zwei bis drei Tage in seinem neuen Zuhause eingewöhnt hat, ist es auch schon an der Zeit, ihn an Halsung und Leine zu gewöhnen. Die umgelegte Halsung wird er anfangs als störenden Fremdkörper empfinden. Er wird versuchen, sie durch Kratzen oder auf eine andere Art abzustreifen. Da er bald merkt, dass dies nicht gelingt, stellt er diese Versuche aber rasch ein. Wenn Sie ihn nun an die Leine nehmen, müssen Sie damit rechnen, dass er zunächst wie wild hin- und herspringt, sich

mit aller Kraft gegen die Leine stemmt und sich unter Umständen hinlegt. Verzweifeln und sorgen Sie sich nicht – so reagieren sehr viele Welpen, wahrscheinlich also auch Ihrer. Sprechen Sie einfach beruhigend auf ihn ein und locken ihn mit sich.

DAS ERSTE ANLEINEN

Das erste Anleinen erfolgt zweckmäßigerweise erst dann, wenn der Hund zuvor ausreichend Auslauf hatte oder spielen konnte. Er ist dann müde und sträubt sich nicht ganz so sehr. Der Widerstand wird in aller Regel dann schnell schwinden. Hat der Welpe die Leine erst einmal mit Ausgehen, Begegnungen mit anderen Hunden, vor allem aber Bewegung und Auslauf verknüpft, wird er das anfängliche Objekt des Widerstandes sehr schnell lieben!

Als „Alltagshalsung" benutzen wir die schon beschriebene Halsung und als Leine zum Beispiel eine Mehrzweck-Umhängeleine zum Kurz- und Langführen, beides aus Leder oder geeignetem Kunststoff. Das Angebot des Handels hält für jeden Geschmack etwas bereit.

„FUSS" VON ANFANG AN

Von Anfang an halten Sie die Leine so, dass der Welpe auf Höhe Ihres linken Fußes läuft. Das Kommando heißt „Fuß". Bleibt er zunächst etwas zurück, ziehen Sie ihn mit „Fuß" auf die Höhe Ihres linken Beines vor und halten die Leine dann so kurz, dass er weder zurückbleiben noch vorpreschen

kann. Gehen Sie nun mit ihm einige Schritte und loben Sie ihn kräftig, sobald er neben Ihrem Fuß läuft.

Üben Sie anfangs nur zwei bis drei Minuten und gewähren ihm dann zunächst wieder Auslauf und Spiel. Anschließend wird er wieder angeleint und die Übung „Fuß" beginnt wieder für einige Minuten. Dabei lassen Sie die Leine immer häufiger etwas nach, sodass sie leicht durchhängt, wenn der Welpe auf Höhe Ihres Fußes läuft. Klappt dies einigermaßen, loben Sie den kleinen Kerl und verstärken dies durch einen Futterbrocken. Hundekekse mögen wohl alle Hunde gern; sie beschmutzen auch nicht die Jackentasche. Die Übung „Fuß" verbinden Sie später mit den Übungen „Sitz", „Platz/Ablegen" und „Hier". Exakte Leinenführigkeit, wie sie von allen Prüfungsordnungen gefordert wird, lehren wir den Hund natürlich erst in der Grundausbildung.

Mit „Fuß" wird der Welpe immer wieder auf Höhe des linken Beines gebracht.

Im nächsten Schritt lernt er, „Sitz" zu machen, wenn der Führer stehen bleibt.

ANLAGENFÖRDERUNG

Die Nase eines Hundes beginnt etwa um den 18. Lebenstag herum „zu arbeiten", der Geruchssinn entwickelt sich. Mit seinen acht Wochen muss der Welpe nun lernen, seine Nase auch ganz gezielt einzusetzen.

„Gezielt einsetzen" bedeutet, die Nase an den Boden herunterzunehmen und zu dem einzigartigen Sinn zu entwickeln, der den Hund zum unverzichtbaren Helfer seines jagenden Führers machen wird. Dafür bietet sich die Futterschleppe an.

FUTTERSCHLEPPE

Da der Welpe die Wittrung von Fleisch schon kennt und Fleisch mit Futter verknüpft, ziehen Sie ein Stück Rindfleisch (zum Beispiel Kehlkopf, Pansen oder Nierenzapfen) zunächst nur einige Meter, später über längere Distanz und legen anfangs alle zwei bis drei Meter ein Fleischstück in die Schleppe. An deren Ende stellen Sie die – fest verschlossene! – Futterschüssel ab. Am Beginn der Duftspur setzen Sie nun Ihren Welpen an und zeigen ihm mit Ihrer Hand den Verlauf der ersten Meter. Nach einigen Fehlversuchen wird er sich langsam, aber sicher, bei Bedarf noch mit Ihrer Hilfe, von Fleischstück zu Fleischstück „hangeln" und letztlich mit tiefer Nase an die Futterschüssel „herangeschnuppert" haben. Hier öffnen Sie nun unter kräftigem Lob die Schüssel und gönnen dem Welpen seine Belohnung.

MIT HUNGER UND ZUR FÜTTERUNGSZEIT

Am besten geht diese Übung, wenn der Welpe richtig hungrig ist. Er verknüpft so

Futterschleppe: Der Welpe wird am Duftspurbeginn angesetzt.

„SELBSTBEDIENUNG" GIBT ES NICHT!

Nach meinen Erfahrungen verführt nicht das gelegentliche Füttern von Wild, des Pansens oder der Drossel eines erlegten Stückes also, einen Hund zum Anschneiden, wie dies manchmal vermutet wird. Dieses Fehlverhalten zeigen vor allem Hunde, die zu einseitig ernährt werden (s. Kasten S. 79) oder durch Verschulden des Führers eine „Selbstbedienungsmentalität" entwickelt haben. Sie haben gelernt, dass es ihr Führer bei zahlreichen kleinen Anlässen augenzwinkernd duldet, wenn sie sich – sogar am erlegten Stück – auch einmal selbst versorgen.

Fressen am Ende der Schleppe darf der Hund nur mit „Erlaubnis": Selbstbedienung gibt es nicht!

schnell, dass der Gebrauch der Nase und Ausdauer zum Erfolg, zum Futter führen. Die im Schleppenverlauf ausgelegten Fleischstücke können Sie bald weglassen. Regelmäßig zur Fütterungszeit ziehen Sie dem Hund nun seine Futterschleppe. Ansatz, Stehzeit, Länge, Verlauf und Ende sollen dabei ständig verändert werden. Und achten Sie darauf, dass Ihr Hund die Futterschleppe immer ruhig, konzentriert und mit tiefer Nase „arbeitet".

Sorgen Sie dafür, dass die Futterschüssel fest verschlossen ist und der Welpe nur mit Ihrer Hilfe, Ihrer „Erlaubnis" an deren Inhalt gelangen kann! Ihr Hund muss bei dieser Übung wie auch allen anderen Gelegenheiten lernen, dass es beim Fressen niemals „Selbstbedienung" gibt. Diese Erkenntnis ist mit eine der wichtigen Voraussetzungen dafür, dass die Gefahr des Anschneidens für die Zukunft weitgehend gebannt ist.

LERNEN AN DER ÜBUNGSANGEL

Die Reiz- oder Übungsangel ist ein einfaches Hilfsmittel von allerdings sehr großer Wirkung, mit dem vom Vorstehen über das Hetzen und Greifen bis hin zum „Down"

ungeheuer viel in den Anfängen geübt werden kann, was der Hund später beherrschen muss – und dies bei natürlichen Bewegungsabläufen der unterschiedlichsten Art, sodass auch die gute körperliche Entwicklung Ihres Welpen gefördert wird. Ein biegsamer Stock von zweieinhalb bis drei Metern Länge, eine daran geknüpfte ebenso lange Schnur, an deren Ende ein Greifgegenstand – ein Stück Hasenbalg, besser anfangs noch ein Stück Fuchslunte oder ein Fetzen Sauschwarte – befestigt wird, und schon ist die Übungsangel fertig.

EINSATZ DER ÜBUNGSANGEL

Halten Sie den Greifgegenstand, der häufiger gewechselt werden sollte, vor Ihren Welpen, ziehen Sie ihn – erst langsamer, später schneller und in wechselnder Geschwindigkeit – hin und her, stoppen Sie ihn, ziehen Sie ihn in die andere Richtung, lassen Sie ihn kreisen, kurz – machen Sie ihn zu einem lebenden und damit äußerst attraktiven Beutestück. Ihr Welpe wird dem Greifgegenstand folgen: Er läuft, springt, stoppt, verharrt, wendet und vollführt also alle natürlichen Bewegungsabläufe, die seine körperliche Konstitution stärken.

„Sieger" muss bei solchen Übungen an der Reizangel immer Ihr Hund bleiben! Nur so verknüpft er, dass Ausdauer zum Erfolg führt und nur dann wird sein Selbstvertrauen gestärkt. Führen Sie den Greifgegenstand also so an der Übungsangel, dass ihn der Hund nach einiger Zeit immer wieder fassen kann.

ERSTES AUSGEBEN

Sobald der Welpe den Balg gegriffen hat, muss er sogleich auch das „Aus"-Geben lernen, was in diesem Alter für den Hund regelmäßig nicht ganz einfach ist. Das Ausgeben aber ist eine wichtige Übung, trägt sie doch unter anderem zur Herstellung und Festigung der richtigen Rangordnung zwischen Hund und Führer bei. Ziehen Sie also Ihren Welpen, der den Balg fest im Fang

Idealerweise trainiert – in Maßen – schon der Züchter mit der Übungsangel Bewegungsabläufe: anschleichen ...

... hetzen ...

... „Attacke" ...

... und greifen.

„Sieger" muss am Ende immer der Welpe sein, denn dann verknüpft er: Ausdauer führt zu Erfolg.

Am Ende bekommt der Führer die Beute. Nicht zuletzt festigt das die Rangordnung.

TIPP

Das lustbetonte „Spiel mit der Übungsangel" darf niemals übertrieben werden. Üben Sie also nicht zu lange am Stück, sondern lieber öfter für kürzere Zeit, in diesem Welpenalter höchstens drei bis fünf Minuten. Zum einen darf der Welpe körperlich nicht überfordert werden, zum anderen auch nie die Lust am Spiel verlieren und es von sich aus beenden.

hält, an der Schnur der Übungsangel zu sich heran und lassen Sie ihn Balg oder Lunte in Ihre Hand ausgeben. Verbinden Sie dies schon bald mit den Kommandos „Hier" und „Sitz", die Sie dem Welpen dann ab der etwa 9. Woche beibringen, und mit „Aus" oder „Gib aus" nehmen Sie ihm den Greifgegenstand ab – anfangs erforderlichenfalls mit einem leichten Druck auf die Lefzen. Dies geschieht konsequent und läuft auch immer in derselben Reihenfolge ab, jedoch noch ohne Ausbildungszwang und stets noch spielerisch. Lob ist fällig, sobald das Ausgeben schon einigermaßen klappt.

„VORSTEHEN" UND „NACHZIEHEN"

Spornen Sie Ihren Welpen immer wieder an: zum Hetzen, zum Greifen, aber auch zum Verharren als Vorstufe des Vorstehens. Tut er Letzteres, loben Sie mit „Ruhe" und verleiten ihn dann wieder zum „Nachziehen", in dem Sie den Greifgegenstand lang-

Damit es einmal so klappt, muss auch die Vorstehanlage in früher Jugend gefördert werden.

sam von ihm wegziehen. Insbesondere Hetz-/Beutetrieb und Durchstehwillen werden so optimal geweckt und bei gleichzeitiger Festlegung der richtigen Rangordnung gefördert.

Erst später, in der anschließenden Grundausbildung, wird an der Übungsangel dann auch der Gehorsam, insbesondere das „Halt" oder „Down" geübt, was der ältere Hund – nicht zuletzt zu seiner eigenen Sicherheit – absolut sicher beherrschen muss. Auch bei den anfangs bereits erwähnten (s. S. 62) und später noch ausführlich behandelten Welpenspiel- und Welpenlerntagen (s. S. 98 ff.) darf die Übungsangel niemals fehlen.

Auch kurzes Verharren – Ansatz zum Vorstehen – wird mit Lob bedacht.

9. UND 10. WOCHE

DER KLEINE GEHORSAM

Mit seinen neun Wochen ist schon jetzt für den Welpen die Zeit gekommen, die wichtigsten Grundkommandos zu erlernen. Sie sind für den täglichen Umgang mit dem Hund unverzichtbar und sollten auch zum Standardrepertoire eines jeden Begleithundes gehören.

„SITZ"

Wie gesagt, muss Ihr Welpe bei allen neuen Kommandos natürlich erst einmal begreifen, was er tun soll. Es ist also wichtig, dies durch Hilfestellungen klarzumachen und gleichzeitig die Verknüpfung zu dem Befehl herzustellen.

VORGEHENSWEISE
Gehen Sie mit Ihrem angeleinten Hund ein Stück. Dann bleiben Sie stehen, fassen mit einer Hand in die Halsung oder ziehen den Kopf des Welpen auch mithilfe der Leine hoch, legen gleichzeitig die andere Hand über die Hinterhand des Hundes und drücken ihn mit dem Kommando „Sitz" rasch und bestimmt nieder. Diese Übung wird gleich fünf bis sechs Mal wiederholt.

Sperrt sich der Welpe schließlich nicht mehr gegen den Druck Ihrer niederhaltenden Hand, lockern Sie deren Griff und verbinden dies sofort mit intensivem Lob, „Verannehmlichung" also. Versucht der Welpe jedoch, wieder aufzustehen, drücken Sie ihn

Dann wird die Hinterhand des Welpen mit dem Kommado „Sitz" bestimmt heruntergedrückt ...

Sitz: Eine Hand hält den Kopf des Welpen oben, die andere legt sich auf seine Hinterhand.

... und dort eine kürzere Zeit gehalten.

mit „Sitz" sofort erneut herunter. Sobald er kurze Zeit sitzen bleibt, beenden Sie unter Lob die Übung und lockern den Welpen durch Spiel auf. Diese Übung können Sie später am selben Tag noch ein Mal wiederholen.

Schon bald wird der Hund begriffen haben, dass er sich bei dem Zuspruch „Sitz" rasch zu setzen und auch sitzen zu bleiben hat. Klappt dieser Übungsteil, festigen Sie den Befehl, indem Sie den Welpen nun zunächst kürzere, später etwas längere Zeit „Sitz" machen lassen, gehen Sie unter „Sitz und bleib" dann um ihn herum, entfernen sich von ihm einige Meter und kommen wieder zurück. Macht er Anstalten aufzustehen, heißt es in schärferem Ton „Sitz".

LAUT- UND SICHTZEICHEN

Hat er auch diesen Übungsteil begriffen und reagiert er sicher auf das Lautzeichen, verbinden Sie nun mit diesem auch das dazugehörige Sichtzeichen, meistens den erhobenen Zeigefinger also. Es dauert meist gar nicht lange, bis auch diese Verknüpfung hergestellt ist. Bald schon können Sie das Lautzeichen fallweise weglassen und nur das Sichtzeichen geben.

Wie immer beenden Sie auch diese Übungen mit Lob und anderen Verannehmlichungen, wenn Sie auf Anhieb klappen. Denn durch diese Verstärker verknüpft der

Später muss der Welpe bei „Sitz" und bleib" auch sitzen bleiben, wenn Sie sich etwas entfernen ...

... und ihn umkreisen.

> **TIPP**
> Spätere Korrekturen eines einmal eingeübten Vorganges sind lästig und sollten möglichst immer vermieden werden, dem Hund fallen sie auch schwer. Versuchen Sie also, Ihrem Welpen von Anfang an korrektes Sitzen auf das Lautzeichen beizubringen. Der Kopf muss in Gehrichtung zeigen und der Hund auf beiden Keulen sitzen.

Verbinden Sie nun das Lautzeichen mit dem Sichtzeichen und schon bald wird sich der Welpe auch beim erhobenen Finger allein hinsetzen.

Hund, dass er seine Aufgabe richtig erfüllt hat. Wenn Sie eine korrekt ausgeführte Übung sofort wiederholen, löst dies nicht selten eine unnötige Verunsicherung des Hundes aus.

FAKTOR KONZENTRATION

Wichtig ist beim Sitzen auch, dass der Welpe selbst dann ordentlich sitzen bleibt, wenn Sie um ihn herumgehen oder sich entfernen, und stets Blickkontakt zu Ihnen hält. Ihr Hund soll sich also auf Sie konzentrieren. Lässt er sich ablenken und äugt er irgendwo in der Gegend herum, ermahnen Sie ihn. Lässt die Konzentration des Welpen aber einfach nach – und das tritt häufig sehr schnell ein –, unterbrechen Sie die Übung, lockern Sie den Hund durch Spiel oder Freilauf wieder auf und wiederholen Sie erst anschließend wieder.

Perfekt: Der Welpe setzt sich, wenn Sie stehen bleiben.

„SITZ" VOR DEM FRESSEN

Und jedes Mal, wenn der Welpe nun sein Fressen bekommt, hat er sich zuvor hinzusetzen und zu warten, bis Sie den Napf in einiger Entfernung abgesetzt haben und ihn mit seinem Namen und dem Kommando „Hier" herbeirufen (vgl. S. 101 ff.). Die Zeiten zwischen „Sitz" und „Hier" steigern Sie dann langsam auf ein, auf zwei, ja auf vier bis fünf Minuten. Sie werden sich wundern, wie schnell Ihr Welpe diesen Übungsteil lernen wird.

„SITZ" BEI STEHEN BLEIBEN

Beherrscht er diese Übungen, müssen wir ihm nun in einem weiteren Schritt beibringen, dass er sich auch dann stets zu setzen hat, wenn Sie beim Gehen stehen bleiben. Setzen muss er sich dabei zunächst auf das Kommando „Sitz" hin und später, im Alter von etwa 14 bis 15 Wochen, auch ohne besonderes Laut- oder Sichtzeichen. Gehen Sie mit dem angeleinten Hund ein Stück, bleiben Sie plötzlich stehen und geben Sie dann gleichzeitig als Lautzeichen das Kommando „Sitz". Gelingt es nicht gleich, halten Sie wieder seinen Kopf mit der Leine hoch und drücken seine Hinterhand herunter. Diese Übung wiederholen Sie dann einige Male. Sobald es klappt, wird der Welpe natürlich wieder kräftig gelobt und mit einigen Spielminuten belohnt. Zur Verstärkung des Kommandos „Sitz" können Sie beim jeweiligen Stehenbleiben mit dem Fuß etwas fester auftreten. Nach einigen Wiederholungen lassen Sie dann das Lautzeichen „Sitz" weg. Sie bleiben nur noch stehen, wobei Sie mit einem Fuß etwas fester auf den Boden treten. Sie werden sehen, der Welpe wird bald jedes bloße Stehenbleiben und/oder festere Fußauftreten mit „Sitz" verknüpfen und sich ohne besonderes Kommando setzen. Hat er schließlich diesen Übungsteil gelernt, können Sie später auch auf das Fußauftreten verzichten.

„FUSS" UND „SITZ" KOMBINIEREN

Nun verbinden Sie die Übungen „Fuß" und „Sitz" miteinander. Sie geben dabei dem Welpen so oft den „Sitz"-Befehl und gehen dann mit dem Befehl „Fuß" weiter, bis er begriffen hat, dass er sich erst wieder erheben darf, wenn ein anderes Laut- oder Sichtzeichen wie „Fuß" oder auch „Voran" erfolgt.

„HIER"

Das schnelle Hereinkommen auf Laut- oder Sichtzeichen ist für den späteren jagdlichen Alltag und oft auch für die Sicherheit des Hundes, zum Beispiel an der Straße, äußerst wichtig. Um dieses schnelle Hereinkommen zu erreichen, muss der Hund jedes Kommen auf Kommando unbedingt mit Verannehmlichungen verknüpfen.

Natürlich bleibt es nicht aus, dass Sie Ihren Welpen schon am ersten Tag nach der Übernahme hier und da zu sich rufen müssen. Achten Sie aber, wie anfangs bereits erwähnt, immer darauf, dass Sie den Hund nicht zu beliebig und vor allem in Momenten heranrufen, in denen er Ihrem Wunsch sicher keine Folge leisten wird.

SCHRITT EINS BEI DER FÜTTERUNG

Der erste gezielte Schritt zum Erlernen des Kommandos „Hier" erfolgt im Zusammenhang mit der täglichen Fütterung. Lassen Sie den Welpen sitzen, entfernen Sie sich einige Meter von ihm und stellen Sie den Futternapf auf den Boden. Nun rufen Sie den Hund bei seinem Namen herbei und verbinden diesen immer mit dem Kommando „Hier". Natürlich kommt der Welpe begeistert zu seinem Napf, sein Kommen und das Kommando werden automatisch verknüpft.

SCHRITT ZWEI AN DER LEINE

Kennt Ihr Welpe das Lautzeichen „Hier" durch diese regelmäßige Übung anlässlich seiner Fütterung, starten Sie den nächsten

Beginnen Sie bei der Fütterung. Mit seinem Namen und „Hier" rufen Sie den Welpen zum Futternapf.

Schritt zwei : Auf „Hier" und ein leichtes Rucken an der langen Leine ...

... soll der Welpe zu Ihnen kommen.

Lernschritt. Hierzu brauchen Sie zunächst die Umhängeleine, in der späteren Grundausbildung dann die lange Feldleine. Daran lassen Sie den Hund „Sitz" machen, treten ein paar Schritte zurück, rufen das Lautzeichen „Hier", rucken gleichzeitig an der Leine und gehen dabei noch einmal ein, zwei Schritte zurück. Durch das Rucken an der Leine üben Sie also einen leichten Zwang auf den Hund aus, der ihn zum Aufstehen und Herankommen veranlasst. Ist er beim Führer angelangt, hat er sich auf Laut- und/oder Sichtzeichen korrekt zu setzen. Nun gibt es Lob, Streicheleinheiten und hin und wieder einen Leckerbissen. Der Welpe soll so verknüpfen, dass jedes schnelle Herankommen angenehme Folgen für ihn hat.

RUF- MIT SICHTZEICHEN

Klappt dieser Übungsteil, geben Sie gleichzeitig zum Rufzeichen „Hier" auch das dazugehörige Sichtzeichen und wiederholen diese Übung einige Male. In der Regel wird auch Ihr Welpe diesen Lernabschnitt schnell begreifen.

Sobald er auch auf das Sichtzeichen allein flott herankommt, gehen Sie nun zum zweiten akustischen Zeichen, dem Doppelpfiff über. Mit Doppelpfiff und zum Beispiel

Später setzen Sie den Pfiff oder Doppelpfiff ein.

Wink des rechten Armes als Sichtzeichen rufen Sie Ihren Hund aus einigen Metern Entfernung heran. In der späteren Grundausbildung geschieht dies mit der Feldleine dann auch über größere Distanzen. Und jedes Mal, wenn der Hund herankommt, gibt es Streicheleinheiten, Futterbrocken oder beides, Angenehmes also. Und dann folgt wie immer ausgiebiges Spielen.

WENN'S MAL NICHT KLAPPT

Kommt Ihr Hund einmal nicht sogleich auf „Hier" und auch unterstützendes Rucken an der Leine heran, drehen Sie sich um und laufen einige Meter zurück, wobei Sie den Hund mit seinem Rufnamen herbeilocken. Ein flottes Herankommen können Sie auch dadurch fördern, dass Sie in die Hocke gehen, sich also „klein" und weniger bedrohlich machen, und sich dabei freudig auf die Schenkel klatschen.

Das ist ohnehin äußerst wichtig: Bei allen „Hier"-Übungen dürfen Sie niemals eine drohende Haltung einnehmen oder Ihren Hund gar einschüchtern, wenn etwas nicht so läuft wie gewünscht. Damit erreichen Sie genau das Gegenteil dessen, was Sie möchten.

SCHRECK UND SCHUTZSUCHE BEIM FÜHRER

Auch sollten Sie dann gezielt Situationen herbeiführen, aus denen Ihr Hund lernt, dass auf Ruf oder Doppelpfiff von Ihnen sofort Verannehmlichungen zu erwarten sind. Werfen Sie ihm bei Missachtung des „Hier" ruhig die Wurfkette in seine Richtung, die laut klirrend in seiner Nähe niedergeht und ihn tüchtig erschreckt, gleichzeitig aber lassen Sie den Doppelpfiff ertönen und rufen ihm ein überaus freundliches „Hier" zu. In dieser Situation wird auch Ihr Welpe herbeieilen und nach dem Schreck bei Ihnen Schutz suchen, den er dann aber auch unbedingt finden muss! Er wird so erfahren, dass Herankommen für ihn stets nur Angenehmes zur Folge hat.

„ABLEGEN" UND „BLEIB"

Diese Übung bereitet dem Welpen anfangs erfahrungsgemäß erhebliche Schwierigkeiten, soll er nun nicht nur wenige Augenblicke, sondern jetzt sogar Minuten liegen bleiben. Dennoch müssen wir schon in diesem Alter den Grundstein dafür legen, dass später der junge Hund in der Grund-

Ablegen: Der Hund wird zunächst in der Liegend-Position gehalten.

Sperrt sich der Hund nicht mehr, wird die Hand vorsichtig von seiner Kruppe gelöst.

ausbildung sogar über Stunden liegen bleiben muss und dies auch dann, wenn er seinen Führer und „Leithund" nicht eräugen kann oder dieser sogar im Verborgenen einen Schuss abgibt. Vom Welpen verlangen Sie Letzteres natürlich noch nicht, sondern konfrontieren ihn mit einfacheren Übungen.

DAS ERSTE ABLEGEN

Auch hier gilt wieder: Zeigen Sie dem Hund, was das Kommando „Platz" oder „Ablegen" überhaupt bedeutet. Zunächst lassen Sie den Welpen sitzen. Fassen Sie nun seine Vorderpfoten mit einer Hand und le-

gen Sie die andere auf seine Kruppe. Mit dem Kommando „Ablegen" ziehen Sie die Vorderläufe des Welpen nun nach vorn, drücken ihn mit der anderen Hand nicht zu fest, aber bestimmt herunter und halten ihn dort. Dies wiederholen Sie mehrere Male. Gibt der Hund seinen Widerstand auf, reduzieren Sie den Druck auf die Kruppe. Versucht er daraufhin, gleich wieder aufzustehen, drücken Sie ihn mit „Ablegen – Bleib" erneut nieder. Wenn dieser erste Schritt klappt und der Hund sich auf das Lautzeichen ablegt und auch liegen bleibt, sind natürlich wieder Lob und Belohnung fällig.

Nächste Schritte: Sie führen Ihr Sichtzeichen ein und entfernen sich Schritt für Schritt immer weiter vom liegenden Hund.

SICHTZEICHEN

Wie schon beim „Sitz"-Kommando wird nun das Lautzeichen mit dem Sichtzeichen verknüpft und so lange geübt, bis auch das Sichtzeichen allein den gewünschten Erfolg erzielt. Dies geschieht natürlich nicht alles am Stück, sondern in mehreren Übungseinheiten über ein paar Tage hinweg, die auch wieder von Spiel und Freilauf abgelöst werden.

LIEGEN BLEIBEN

Nun soll Ihr Hund lernen, auch längere Zeit und auch dann liegen zu bleiben, wenn Sie sich ein Stück entfernen. Lassen Sie dazu Ihren angeleinten Hund in die „Platz"-Lage gehen und legen Sie das Leinenende über seinen Rücken. Nun geben Sie das Lautzeichen „Ablegen – Bleib", verbinden es gleich mit dem dazugehörigen Sichtzeichen und bewegen sich langsam von Ihrem Hund Schritt für Schritt, zunächst ein, dann zwei, dann drei Meter fort.

Gehen Sie dann zum Hund zurück, umkreisen ihn und steigen über ihn hinweg. Spätestens jetzt wird der Jungspund versuchen aufzustehen.

Mit einem scharfen „Ablegen – Bleib" wird dieser Versuch sofort im Keim erstickt, notfalls drücken Sie ihn in die richtige Lage zurück. Sie entfernen sich jetzt erneut, umkreisen ihn, kommen schließlich zu ihm zurück

und lassen ihn erst dann aufstehen, wenn Sie bei ihm angelangt sind.

Diese Übung, die anfangs zwei bis drei Minuten nicht überschreiten sollte, ist für den Welpen alles andere als einfach. Sie wird deshalb mit reichlich Lob und einigen Futterbrocken beendet und von lustvollem Spiel abgelöst.

„SITZ" MIT „HIER" UND „ABLEGEN – BLEIB"

Danach verbinden Sie die Übungen „Sitz", „Hier" und „Ablegen – Bleib" miteinander und beenden diese Gehorsamsübungen anfangs nach spätestens drei bis fünf Minuten. Also lieber kurze Zeit und dafür einmal öfter üben, als zu lange. Denn in diesem Alter fehlt Ihrem Welpen gerade für diese Übungen noch die erforderliche Konzentration, sodass er schnell überfordert wäre. Klappt auch dieser Übungsteil, genügt es fürs Erste mit „Ablegen – Bleib".

WEITER GEHT'S IN DER GRUNDAUSBILDUNG

In der späteren Grundausbildung (vgl. Markmann: Vom Welpen zum Jagdhelfer, KOSMOS 2023) kommen dann insbesondere noch Verleitungen hinzu. Dann muss Ihr Hund auch das „Ablegen – Warten" erlernen – eine Übung, die zwar von keiner Prüfungsordnung gefordert wird, der heutigen Jagdpraxis meines Erachtens jedoch mehr entspricht als „Ablegen – Bleib". Bei dieser Übung kommen Sie nicht zum Hund zurück, Sie holen ihn also nicht ab, sondern ziehen ihn mit „Ablegen – Warten" immer wieder ein Stückchen nach, lassen ihn warten und holen ihn erneut nach. So können Sie den Hund in der Jagdpraxis zum Beispiel bei der Pirsch in einiger Entfernung „mitziehen" und ihn nach dem Schuss bei Bedarf in wenigen Augenblicken heranrufen.

WELPENSPIEL- UND WELPENLERNTAGE

Seit vielen Jahren führen Jägerschaften, Zucht- und Jagdgebrauchs-hundevereine sogenannte Welpenspiel- und -lerntage durch, von einigen auch Prägungsspieltage genannt. Jedem Welpenbesitzer kann nur dringend empfohlen werden, mit seinem Hund daran teilzunehmen.

Wie schon des Öfteren herausgestellt, ist häufig die nicht richtig genutzte Jugend eines Hundes die Ursache für ein späteres jagdliches Versagen. Noch einmal: Was der Welpe in seinen ersten 16 Lebenswochen nicht lernt, soll er nach Eberhard Trumler niemals mehr nachholen können. Was er aber in dieser Zeit „mitnimmt", sitzt für sein ganzes Leben! Die konzentrierte Lernphase des Welpen muss in der kurzen Zeit ihrer Dauer voll ausgenutzt werden. Von entscheidender Bedeutung ist dabei das Lern-Spiel mit etwa gleichaltrigen Artgenossen.

Sie erleichtern sich und Ihrem Hund das Ausbilden beziehungsweise Lernen ganz entscheidend, wenn Sie an Welpenspiel- und -lerntagen teilnehmen oder gegebenenfalls sogar versuchen, selbst solche Tage zu organisieren. Tun Sie das aber erst dann, wenn sich Ihr Welpe in seiner neuen Umgebung schon etwas eingewöhnt hat und schon eine gewisse Bindung, eine Vertrauensbasis zu seinem Rudelführer, zu Ihnen also, entstanden ist.

Welpen- und Junghundetage mit dem eigenen Hund zu besuchen, kann jedem Hundeführer nur dringend empfohlen werden!

SOZIALES LERNEN

Im selbstständigen Spiel innerhalb der Gruppe erlernen die Welpen zum Beispiel die soziale Partnerschaft zu Artgenossen bis hin zu Demutsbezeugungen. In ihren Kampfspielen, in denen sie immer wieder die Rolle des Siegers und des Besiegten tauschen, lernen sie, die eigenen Kräfte einzuschätzen und vor allem auch zu kontrollieren. Dies geschieht, wenn zum Beispiel das Aufheulen des Spielpartners darüber belehrt, dass ein Biss doch wohl zu kräftig war. Auch das Zusammenspiel mit Ihnen und den anderen Welpenbesitzern müssen die jungen Hunde als erfreuliche Wechselbeziehung erfahren.

ARBEIT MIT DER ÜBUNGSANGEL

Wichtig für unseren künftigen Jagdhelfer sind die Jagd- und Beutespiele innerhalb der Welpenmeute, zum Beispiel mit Fleisch- und Pansenstücken oder auch erlegtem Kleinwild. Die Übungsangel ist dabei ein unverzichtbares Hilfsmittel. Aber auch mit einzelnen Welpen sollte an der Reizangel „gearbeitet" werden, während die übrige Welpenmeute zusehen muss. Welpen lernen auch vom Zuschauen!

GRUPPENARBEIT UND GEMEINSAME AUSFLÜGE

Anlässlich dieser Welpenspiel- und Welpenlerntage müssen in der Gruppe alle Übungen veranstaltet werden, die Sie mit Ihrem Welpen sonst auch allein durchführen. Die Welpen sollten mit akustischen und optischen Reizen konfrontiert und daran gewöhnt werden, zum Beispiel an lärmende Schläge auf Tonnen oder Kochtöpfe oder an das urplötzliche Aufspannen eines Regenschirmes und Ähnliches. Diese Gewöhnung gelingt in einer Welpengruppe meist viel leichter als bei einem einzelnen Welpen. Dies gilt insbesondere für den Schussknall, auf den eine

TIPP

Bei den Spielen innerhalb der Welpenmeute kommt es regelmäßig zu kleinen, aber harmlosen Rangeleien. Packt aber einer der Welpen doch zu hart zu, gibt es für ihn sofortigen Spielabbruch mit einem „Über-den-Fang-Griff" und Anleinen.

im eifrigen Spiel vertiefte Meute in aller Regel kaum reagiert.

Durchgeführt werden sollten auch die kleinen Gehorsamsübungen mit „Sitz", „Ab-

Die Übungsangel gehört dazu. An ihr lässt man mal zwei oder mehr Welpen „arbeiten".

Beschäftigt man auch einmal nur einen Welpe an der Übungsangel und lässt die übrigen lediglich zuschauen, schult das deren Geduld und Gehorsam.

Auch die Gewöhnung an akustische und optische Reize muss Bestandteil von Welpenlerntagen sein.

legen – Bleib" und „Hier" in der Mensch-Welpen-Gruppe, während zum Beispiel die Führer mit ihrem Welpen nacheinander die anderen umkreisen. Außerdem sind auch Spaziergänge in Wald und Feld mit der frei laufenden Welpenmeute angesagt.

GESTALTUNG UND ABLAUF

Hier nun einige grundsätzliche Hinweise und Anmerkungen zu solchen Welpenspiel- und -lerntagen:

Gehorsamsübung: Der abgelegte Hund muss auch bei Ablenkung durch zum Beispiel einen dicht vorbeigeführten anderen Vierbeiner liegen bleiben.

— In der Woche sollten die Welpen ein bis zwei Mal für zunächst eine Stunde, später etwa zwei Stunden zusammenkommen, und dies möglichst bis zum Ende der 16. Woche. Sinnvoll ist es, hieran dann einen Ausbildungskurs anzuschließen, da die Hunde bereits miteinander vertraut sind.

— Dass sämtliche Welpen beim ersten Aufeinandertreffen entwurmt und geimpft sind, dürfte wohl selbstverständlich sein.

— Altersunterschiede von mehr als acht Wochen sollten möglichst vermieden werden. Ebenso erhebliche Größenunterschiede. Voll ausgewachsene Hunde haben beim Welpenspieltag nichts zu suchen.

— Der „Spielplatz" muss möglichst groß, eingefriedet und fernab von Straßen liegen.

Für die Gestaltung des Welpenspieltags hat sich das im unten stehenden dargestellte exemplarische Ablaufschema bewährt.

WENN DIE WELPEN ÄLTER WERDEN

Nähern sich die Welpen langsam dem Alter der Grundausbildung, sollten die gemeinsamen Spaziergänge und Ausflüge länger werden und auch ins Revier, in Wald und Feld und vor allem ans Wasser führen. Dort wird dann die Übungsangel auch mit einer Entenschwinge eingesetzt und über das seichte Wasser geführt.

Der unwiderstehliche Reiz, in der Welpenmeute gemeinsam Beute zu machen, wird die Welpen nicht am Ufer halten! Sie werden der Entenschwinge einfach ins Wasser folgen müssen und einer von ihnen wird sie greifen.

ABLAUFBEISPIEL FÜR EINEN WELPENSPIELTAG

1. Zu Beginn eines jeden Spieltages spielen die Welpen zunächst innerhalb der Meute selbstständig und ausgiebig miteinander.

2. Danach treten die Führer hinzu, wobei wechselseitige Kontakte zwischen Führern und Welpen entstehen sollen – jeder Führer spielt auch mit einem anderen Hund.

3. Anschließend bietet sich ein kleiner gemeinsamer Spaziergang in der Mensch-Welpen-Meute mit frei laufenden Welpen an.

4. Sind die Welpen nun schon etwas müde, geht es zurück zum Spielplatz. Die Hunde werden angeleint und es beginnt der Kleine Gehorsam.

5. Führer und Hunde bewegen sich im Kreis. Auf „Sitz" müssen sich alle Welpen setzen, nötigenfalls mit Nachhilfe, auf „Fuß" wird die Runde fortgesetzt. Nach erneutem „Sitz" umkreisen die Führer jeweils ihren Hund, der dabei sitzen bleiben muss. Mit einem letzten „Fuß" endet die Übung und alle stellen sich in einer Reihe nebeneinander auf.

6. Es folgt „Ablegen – Bleib". Die Führer lassen die Leine fallen, gehen zwei bis drei Schritt vor und bedeuten dem Hund „Bleib". Steht ein Welpe auf und folgt, wird er an seinen Platz zurückgeführt. Schrittweise steigen hier die Anforderungen. Von Mal zu Mal entfernen sich die Führer weiter, später verschwinden sie kurzzeitig ganz aus dem Welpenblickfeld.

7. Dem Gehorsamsteil folgt wieder lustbetontes Spiel mit Beuteattrappen wie Fuchs- oder Kaninchenbalg.

8. Jetzt wird die Übungsangel eingesetzt: Zunächst mit allen Welpen bei Jagd- und Beutespielen, dann zum Hetzen, Greifen und gegebenenfalls Vorstehen bis Nachziehen mit jeweils nur mit einem Welpen, während die anderen angeleint zusehen.

BRINGEN – ERSTE ÜBUNGEN

Das Bringen gehört zu den späteren jagdlichen Aufgaben der meisten Jagdhundwelpen. Auch an diese Arbeit müssen Sie Ihren Welpen jetzt schon in ersten Schritten heranführen.

AM ANFANG NUR RAUBWILD

Naturgemäß apportieren alle Hunde „lieblich duftendes" Nutzwild bereitwilliger und lustbetonter als Raubwild. Während Ersteres von seiner Wittrung her ganz eindeutig dem Beutespektrum zuzurechnen ist, zählt Raubwild eher zur Kategorie „Beutekonkurrent und Feind". Der voll brauchbare Jagdhund muss natürlich dennoch auch Raubwild zuverlässig bringen.

Schon mit acht oder neun Wochen sollte der Welpe stechend riechendes Raubwild, wie zum Beispiel den Marder, kennenlernen.

Deshalb ist es wichtig, den Welpen bereits im Alter von acht bis neun Wochen mit kaltem, möglichst scharf und stechend riechenden Raubwildarten unmittelbar zu konfrontieren (zum Beispiel Steinmarder, Iltis, Fuchswelpe). In diesem Alter ist nach meiner Erfahrung die Hemmschwelle gegenüber dem Greifen von Raubwild noch recht niedrig und daher recht einfach abzubauen. An Nutzwild mit „lieblicher" Wittrung führen Sie ihn erst später heran. Wenn Sie den umgekehrten Weg wählen und den Hund zuerst mit Nutzwild arbeiten lassen, wird es mit dem Bringen von Raubwild und der späteren Arbeit mit dem Fuchs anschließend meist unnötig schwer!

DER ERSTE RAUBWILDKONTAKT

Bei der ersten Begegnung mit Iltis, Fuchswelpe oder Ähnlichem wird Ihr Welpe in der Regel zunächst vorsichtig an das Stück heranschleichen, es bewinden und vielleicht auch schon gleich greifen.
Tut er Letzteres noch nicht, was häufig der Fall ist, machen Sie das Stück „lebendig"! Bewegen Sie es! Ziehen Sie es an einer Schnur einfach hinter sich her. Der Beutetrieb Ihres Welpen, etwas „Lebendiges" zu fassen, wird sich Bahn brechen – der Hund wird losstürmen, das Stück greifen, vielleicht sogar schon etwas beuteln und es ein Stück tragen. Unter Lob locken Sie ihn nun zu sich heran, notfalls ziehen Sie ihn an der Schnur herbei, nehmen ihm das

Stück mit „Aus" ab und geben ihm unter kräftigem Lob einen seiner Lieblingsfutterbrocken.

WIEDERHOLUNG UND WECHSELNDE RAUBWILDARTEN

Wiederholen Sie diese Übung häufiger und wechseln Sie dabei auch die Wildarten. Auf diese Weise wird Ihr Welpe von Anfang an mit den verschiedensten Raubwildarten vertraut und lernt, sie zu packen, zu beuteln, länger zu halten und gelegentlich auch schon zu „bringen".

VORÜBUNG „APPORT"

Sobald dies alles schon einigermaßen klappt, können Sie zur Vorübung „Apport" übergehen. Dazu kommt der Welpe – wie später bei fast allen Übungen – zunächst an die Leine. Mit leichtem Druck auf die Hinterhand hat er „Sitz" zu machen.

Zögert der Welpe anfangs, machen Sie das Raubwild „lebendig": Der Beutetrieb siegt dann zumeist über jede Scheu.

VORGEHENSWEISE

Das Stück Wild werfen Sie nun zwei bis drei Meter von sich, halten ihn aber mit der anderen Hand noch einige Augenblicke fest und verbinden dann sein anschließendes Losstürmen mit dem Befehl „Apport". Ziehen Sie ihn mit „Hier" sofort zu sich heran, sobald er das Stück gegriffen und aufgenommen hat. Nun lassen Sie ihn „Sitz" machen, gegebenenfalls mit leichtem Druck auf die Hinterhand, möglichst ohne dass er das Wild fallen lässt. Auf „Aus" muss er das Wild, wie er dies schon vom Dummy her kennt, in Ihre Hand ausgeben.
Und jetzt gibt es Lob; aber bitte nicht übertreiben und nur nach zufriedenstellender Arbeit. Denn Lob bestärkt den Hund in seinem vorangegangenen Verhalten, also auch den weniger guten Teilen der Arbeit. Dass mit Futterbrocken ohnehin nicht allzu üppig umgegangen werden sollte, haben wir weiter vorn bereits angesprochen.

Der Beutetrieb hat ihn das Raubwild aufnehmen lassen. Jetzt aber alles noch mit Leine!

An der Leine herangezogen, lernt der Welpe früh, alle Beute – in die Hand – abzugeben.

DER WELPE UND DAS WASSER

Viele Züchter führen schon die Welpengemeinschaft mit der Mutterhündin ans Wasser heran. Scheu vor Wasser kommt hier so gut wie nie auf. Kennt aber nun gerade Ihr Welpe das Wasser noch nicht, holen Sie dies nach der Welpenübernahme rasch nach.

Je eher Ihr Welpe das Wasser kennenlernt, desto problemloser wird er damit vertraut werden. Wasser und Luft dürfen jedoch nicht zu kalt sein, das Wasser sollte mindestens eine Temperatur von mehr als 10 °C haben. Bei Herbstwürfen muss daher der Gang zum Wasser erfolgen, bevor die winterliche Kälte dies aus gesundheitlichen Gründen verhindert.

WASSER – EIN UNGEWOHNTES ELEMENT

Versetzen Sie sich in Ihren Welpen hinein. Das Wasser ist für ihn als Landlebewesen, ähnlich wie für kleine Kinder, zunächst etwas Ungewohntes, vor dem er Scheu, vermutlich sogar Angst empfindet. Vor allem, wenn er in tieferem Wasser den Boden unter

Zögerlich tapst der Welpe ins Wasser – es ist für ihn ein völlig unbekanntes Element!

den Füßen, den gewohnten Halt also, aufgeben muss, kostet dies auch Ihren Hund natürlich große Überwindung!

Dies wird bei den ersten Schwimmversuchen deutlich: Obwohl Hunde praktisch von Geburt an schwimmen können, drückt sich in dem Geplansche und Gespritze der ersten Ausflüge ins tiefe Wasser und dem meist sehr raschen Umkehren eine große Unsicherheit aus. Mit viel Geduld und Einfühlungsvermögen muss deshalb diese Scheu so früh wie möglich abgebaut werden.

VORGEHENSWEISE UND HILFEN

Gestalten Sie die erste Berührung Ihres Welpen mit dem „nassen Element" konfliktfrei: Lassen Sie ihn an einem Gewässer frei laufen und spielen Sie mit ihm. Während Sie das tun, nähern Sie sich dem Gewässer immer mehr und stapfen schließlich selbst spielerisch durch eine flache Wasserzone. Ihr Hund wird dicht bei Ihnen bleiben und so „angelegentlich" seine erste Berührung mit dem nassen Element haben.

VORBILD ÄLTERER HUND

Fast noch einfacher ist es, den ausgeprägten Nachahmungstrieb des Welpen zu nutzen. Am besten bitten Sie einen Jagdfreund mit einem älteren und „wasserfesten" Gebrauchshund, Sie zu begleiten. Beide Tiere sollten aber miteinander vertraut sein und sich vertragen. Der Jagdfreund lässt dann seinen Hund eine gewisse Zeit am Ufer stöbern. In der Regel wird Ihr Welpe dem älteren Hund interessiert folgen – zunächst ins Schilf, dann unvermittelt ins Wasser. Ein besonders starker Anreiz entsteht für den Welpen, wenn der ausgebildete Hund schwimmt und etwas aus dem Wasser apportiert. In der Regel hält es ihn dann nicht mehr am Ufer und er stürmt dem anderen Hund ins Wasser nach.

Stapft eine Bezugsperson mit ins flache Wasser, wird die Hemmschwelle für den Welpen geringer.

Den Nachahmungstrieb, den wir hier nutzen, entwickeln Hundewelpen neben dem starken Spiel- und Erkundungstrieb auch ab einem Alter von etwa acht Wochen. Die Übernahme von Verhaltensweisen der Elterntiere oder anderer älterer und vertrauter Hunde erspart es dem Welpen, alle notwendigen Erfahrungen erst selbst sammeln zu müssen, wie Eberhard Trumler feststellte.

Der Nachahmungstrieb hilft: Einem älteren, ihnen vertrauten Hund folgen Welpen oft spontan ins nasse Element.

Der kritische Punkt: den festen Boden verlassen und schwimmen ...

„PSYCHOTERROR" AM WASSER

Die Gewöhnung des Welpen an das Wasser erfordert Feingefühl. Auch „indirekter Druck" kann das Wasser schnell verleiden. Ein Beispiel: Ein Welpe einer Welpenspielgruppe zeigte sich ausgesprochen wasserfreudig und ließ sich bereits zu den ersten Schwimmausflügen „verführen", als die übrigen Welpen selbst das Flachwasser noch mieden. Sein überehrgeiziger Besitzer aber wollte ihn in kürzester Zeit zu einem perfekten Schwimmer machen. Täglich lockte er den Hund mit allerlei Tricks in ein Gewässer, und schon bald zeigte sich der Welpe klar überfordert. Als er sich nicht mehr mit sonst heiß geliebten Pansenstückchen ködern ließ, watete der Führer zu einer Insel in der Gewässermitte – der Hund folgte, aber laut winselnd und aus reiner „Verlustangst". Bald klappte auch das nicht mehr: Der Welpe „tröstete" sich mit den zurückgelassenen Bekleidungsstücken des „Chefs". Der wiederum erkannte endlich und zum Glück offenbar noch rechtzeitig seinen Fehler und „belästigte" den Welpen über längere Zeit hinweg gar nicht mehr mit Wasser. Nach dieser Pause entwickelte sich sein Vierbeiner zum wasserfreudigsten Hund des ganzen Welpenkurses.

GEMEINSAMES „BAD"

Sollte all das wirklich nicht helfen, will Ihr Welpe tatsächlich nicht ins Wasser, dann gehen Sie zusammen mit ihm hinein, machen Sie es ihm einfach vor. Der Welpe wird zunächst vielleicht zögern, aber schließlich Ihnen doch folgen, und wenn Sie ihn alsdann ausgiebig loben, verknüpft er das feuchte Element mit nichts „Bösem" mehr. Ein kritischer Punkt ist immer der Übergang von seichtem in tiefes Wasser, also der Punkt, ab dem der Welpe den festen Boden unter den Läufen verlassen und schwimmen muss. Über diesen Punkt locken Sie ihn einfach mit einem Futterbrocken hinweg. So wird das erste Schwimmen gleich unmittelbar belohnt.

Auch wenn er sich noch schwer tut: Üben Sie am Wasser niemals Druck aus!

AM WASSER NIEMALS DRUCK

Was Sie niemals tun dürfen, ist, am Wasser Druck – „Zwang" – auf den Welpen auszuüben! Unverzeihlich und die sichersten Methoden, den Hund nachhaltig wasserscheu zu machen, bestehen in Maßnahmen wie ihn an einer Leine gewaltsam ins Wasser zu zerren oder ihn gar hineinzustoßen beziehungsweise hineinzuwerfen!
Keine Arbeit erfordert so viel Fingerspitzengefühl, Geduld und Zeit wie die Gewöhnung des Hundes an das Wasser. Mit Gewalt oder „Psychodruck" läuft hier – wie bei der Hundeausbildung überhaupt – gar nichts! Die Vertrauensgrundlage, die Sie bisher behutsam und konsequent aufgebaut haben, können Sie damit allerdings nachhaltig zerstören!

DEN WELPEN „TROCKNEN" LASSEN!

Nach der Wasserarbeit muss Ihr Hund so lange Auslauf bekommen, bis er warm und trocken ist. Am besten reiben Sie ihn mit einem sehr saugfähigen Tuch gründlich ab. Wird der Hund nass und ausgekühlt in den Zwinger oder das Auto gesperrt, drohen ihm vor allem in der kalten Jahreszeit Unterkühlung und Gesundheitsschäden. Vor allem bei Hunden mit langen und stark behaarten Behängen kann dies zum Beispiel der Ausgangspunkt chronischer Gehörgangsentzündungen sein.

REIZANGEL

Eine große Hilfe zur Überwindung der Wasserhemmung kann auch hier die Reizangel sein, mit der Ihr Hund Spiel, Beute und viel Bewegung verbindet. Befestigen Sie an der Angel als Greifgegenstand zum Beispiel einen Entenflügel, schwenken ihn dann zunächst am Ufer entlang, lassen den Hund hier ruhig einige Male den Flügel greifen und ziehen dann den Lockgegenstand über das seichte Wasser. Der Hund wird nachsetzen, und – schon ist er im Wasser. Große Scheu davor kommt bei diesem Vorgehen in der Regel gar nicht erst auf.

Auch am Wasser kann die Übungsangel kleine Wunder wirken.

Die Bewegung der „Beute" lockt ihn ins nasse Element.

11. BIS 16. WOCHE

FÜHRIGKEIT UND SCHUSS

Ihr Welpe ist inzwischen mit seiner näheren Umgebung, also mit Haus, Hof, Garten und Auto vertraut. Nun müssen Sie ihm alle Bereiche seines späteren Einsatzgebietes nahebringen, also außer dem Wasser auch Wald, Feld und Wild.

REVIERGÄNGE

Wann immer es möglich ist, sollte der Welpe Sie nun ins Revier begleiten. Dies muss im Alter ab etwa elf bis zwölf Wochen geschehen – auch wenn das tapsige Kerlchen bei der regulären Jagdausübung zunächst eher stört. Ihre Gänge mit Welpen im Revier dürfen natürlich nicht gleich Gewaltmärsche sein, denn der Junghund ermüdet noch zu schnell. Auf den Ausflügen wird Ihr kleiner Hund Eindrücke und Erfahrungen sammeln, die seine Anlagen wecken und fördern und ihn dauerhaft prägen.

ANFANGS UNGEHINDERT

Lassen Sie also den Welpen anfangs ruhig frei laufen und die vielen Sinnesreize aufnehmen, die da draußen auf ihn einstürmen. Gestatten Sie ihm, Vögeln nachzu-

Bei den ersten Revierausflügen darf der Welpe frei laufen und ungehindert Eindrücke sammeln.

jagen oder Käfer und andere Insekten zu „untersuchen", also seinen Fangtrieb auszubilden. Sie werden feststellen, dass Ihr Welpe, obwohl er frei laufen darf, sich anfangs meist doch recht dicht bei Ihnen aufhält. Übrigens sollte der Welpe bei den Reviergängen nicht satt gefressen und dann träge sein – gefüttert wird er immer erst nach dem Revierausflug.

„VERSTECKSPIEL"

Bald schon erweitert Ihr junger Hund seinen Aktionsradius und wird selbstbewusster, selbstsicherer. Nun muss er lernen, den Kontakt zu Ihnen zu halten.

Entfernt er sich zu weit, entziehen Sie sich seinem Blick und verstecken Sie sich zum Beispiel hinter einem Baum, einem Strauch oder in einem Graben. Sobald er feststellt, dass Sie verschwunden sind, wird er anfänglich planlos herumrennen, um Sie zu suchen, alsbald aber die Nase herunternehmen, wie er es ja schon vor allem von der Futterschleppe kennt, auf Ihre Spur stoßen und Sie darauf suchen und finden. Liebeln Sie ihn darauf kurz ab und wiederholen Sie diese Übung, sobald sich dazu Gelegenheit bietet. Ihr Zögling wird so lernen, sich nicht zu weit von Ihnen zu entfernen und den häufigen Blickkontakt zu Ihnen zu halten.

BASIS DER FÜHRIGKEIT

Durch diese Übung legen Sie mit den Grundstein für jene sehr erwünschte Verhaltensweise, die wir „Führigkeit" nennen. Und außerdem die Basis für die „Arbeit auf der Führerfährte", die es Ihrem Hund später auch bei turbulentem Jagdbetrieb ermöglicht, jederzeit zu Ihnen zu finden.

Aus Ihren gemeinsamen erlebnis- und erfolgreichen Pirschgängen im Revier erwächst ein starkes Zusammengehörigkeitsgefühl als wichtige Voraussetzung für die funktionierende Zweiermeute „Mensch-Hund".

Hält der Welpe beim Reviergang nicht mehr Kontakt zu Ihnen, verstecken Sie sich vor ihm.

Auf Ihrer Spur wird er Sie finden – Schulung der Nase und Grundstein der Führigkeit.

GEWÖHNUNG AN DEN SCHUSSKNALL

Fortschrittliche Züchter gewöhnen ihre Welpen im Beisein der Wurfgeschwister und der Mutterhündin auch an den Schussknall. Dies verläuft in aller Regel unkompliziert, da die Hündin wegen ihrer Schussfestigkeit keinerlei Reaktion zeigt und sich ihre Ruhe auf die Welpen überträgt.

NUR DIE FLINTE

Kennt Ihr Hund den Schussknall aber noch nicht, so sollten Sie ihn daran gewöhnen, sobald Sie ihn vom Züchter übernommen haben. Gehen Sie dabei aber mit größter Umsicht vor. Bitten Sie einen Helfer, den ersten, „leisen" Schuss in etwa 80 bis 100 Metern Entfernung abzugeben, während Sie selbst mit Ihrem Welpen in begeistertes und ablenkendes Spiel vertieft sind. Verwenden Sie dazu nur die Flinte, auf keinen Fall eine Pistole oder eine kleinkalibrige Büchse. Der Schussknall muss anfangs dumpf sein.

Reagiert Ihr Welpe ängstlich auf den Schuss, lenken Sie ihn sofort ab, intensivieren Sie das Spiel und wiederholen die Übung am nächsten Tag. Beeindruckt der Knall Ihren Zögling nicht oder nur unwesentlich, lassen Sie die Schussabgabe wiederholen und verkürzen Sie langsam den Abstand zwischen Hund und Schützen. Übertreiben Sie es aber nicht! Nach zwei bis drei Schüssen reicht es für diesen Tag. Am nächsten wiederholen Sie das Ganze erneut.

AM SCHIESSSTAND

Eine andere brauchbare Möglichkeit besteht darin, mit Ihrem Hund in die Nähe eines Schießstandes zu gehen, wenn dort mit Schrot geschossen wird. Sie bleiben natürlich bei dem Welpen! Halten Sie zunächst einigen Abstand zum Schießgeschehen oder bleiben Sie im Auto und lenken Sie den Hund ab. Spielen Sie mit ihm und reagieren Sie selbst in keiner Weise auf den Schussknall. Schritt für Schritt verkürzen Sie nun den Abstand zu den Flintenschützen und gewöhnen so den Welpen langsam an die volle Lautstärke eines Schusses.

Hat es der Züchter noch nicht getan, gewöhnen Sie den Welpen jetzt an den Schussknall.

SPUR UND SCHLEPPE

Eine gute Nase ist eine der wichtigsten Eigenschaften, die ein Jagdhund haben muss. Ihren gezielten, nutzbringenden Gebrauch können
und müssen Sie üben. Ab der 11. bis 12. Woche können Sie Ihren Welpen auch schon an die Hasenspur heranführen.

Den gezielten Naseneinsatz des Welpen haben Sie schon mithilfe der Futterschleppe
gefördert und außerdem auch auf der Führerfährte, auf der Ihr Welpe Sie bei den
Reviergängen finden musste, wenn Sie sich
vor ihm versteckt hatten. Auch hat er inzwischen die Wittrung der verschiedensten
Wildarten kennengelernt, insbesondere die
„strenge" Wittrung des Raubwildes. Nun
geht es an den Hasen.

HASENSPUR AN DER
FELDLEINE

Suchen Sie sich, am besten zusammen
mit ein, zwei Helfern, im Übergangsbe-
reich vom Waldrand zum Feld einen
Hasen möglichst in der Sasse und machen ihn hoch. Den Hund wenden Sie
nun rasch ab, denn den Hasen darf er
nicht eräugen. Und merken Sie sich dabei trotzdem den Spurverlauf des Hasen
genau.
Nehmen Sie den Welpen nun an die Feldleine, gehen Sie mit ihm zur Sasse vor und
zeigen Sie ihm diese. Welch eine Wittrung,
welch ein Reiz! Lassen Sie den Hund gewähren, er darf alles in Ruhe bewinden. Dann
fordern Sie ihn auf, der Spur zu folgen, notfalls weisen Sie ihn immer wieder ein und
muntern ihn mit „Such voran" auf, der Spur
zu folgen. In aller Regel fällt der Welpe die

An der langen Leine wird der Welpe an die Hasensasse heran-
geführt.

Dann kann er die liebliche Spur ausarbeiten. Aber auch jetzt
an langer Leine!

Spur an. Er wird dann mit „So recht, such voran" gelobt.

Spurwille und Vorwärtsdrang, beides angewölfte Anlagen, werden dadurch geweckt und gefördert. In diesem Alter wird die Hasenspur jedoch stets nur an der langen Leine, niemals frei gearbeitet.

ALLE GELEGENHEITEN NUTZEN!

Nehmen Sie auch künftig jede Gelegenheit wahr, die sich Ihnen bietet, die Spur des nicht sichtigen Hasen an der langen Leine zu „arbeiten". Die fördert die Spursicherheit. Bei späteren Übungen suchen wir dann den Hasen im Feld – dort, wo geringer Bewuchs die Spurarbeit schwieriger gestaltet – und lassen die Spur auch etwas länger stehen, bevor wir den Hund ansetzen.

Legen Sie auch die ersten Schleppen mit Raubwild.

TIPP

Alle Vorübungen zur Hasenspur und Schleppe verlaufen (noch) ohne jeglichen Ausbildungsdruck – alles läuft spielerisch ab! Dabei müssen Sie den kleinen Kerl noch leiten und lenken, aber auch in diesem Rahmen stets konsequent bleiben.

DIE ERSTE KLEINE SCHLEPPE

Bei Ihrem weiteren Bemühen, die jagdlichen Anlagen Ihres Zöglings zu wecken und zu fördern, müssen Sie bedenken, dass er ab Beginn der Sozialisierungsphase bis etwa zum Ende der Rangordnungsphase, also bis zum Ende der 16. Lebenswoche, an alle Aufgaben herangeführt werden sollte, die er später bewältigen muss. Deshalb muss er jetzt auch schon auf den ersten kleinen „Schleppen" suchen.

SPIELERISCH UND OHNE DRUCK

Ein Helfer zieht dazu ein Stück Wild – wieder nehmen wir zunächst Raubwild – an einer Schnur ein kurzes Stück außer Sichtweite des Hundes. Sie setzen Ihren Zögling am Beginn der Schleppe an, ermuntern ihn zum Suchen und lassen ihn an langer Leine folgen. Das abgelegte Stück soll er alsdann greifen und aufnehmen. Soweit er anfangs nicht sofort aufnimmt, wird das Stück durch Ziehen am Schleppfaden „lebendig". Sobald er dann gegriffen hat, ziehen Sie Ihren Hund an der Leine zu sich, wie schon bei der Arbeit an der Reizangel. Nach Ausgeben wird gelobt. Auch diese Übung wird natürlich nur an der langen Leine ausgeführt!

Achten Sie schon bei diesen ersten kleinen Schleppen von Anfang an darauf, dass das Stück Wild am Schleppenbeginn einige Male hin- und hergedreht wird, damit ausreichend Witterung vorhanden ist. Außerdem muss der „Anschuss" mit Haar, das der helfende Schleppenzieher aus dem Balg des Schleppwildes zupft, gut präpariert werden.

SCHLEPPENLÄNGE

Die Länge der Schleppe sollte anfangs bei 10 bis 30 Metern liegen. Erst, wenn der Welpe diese Distanz sicher arbeitet, steigern Sie die Entfernung nach und nach. Üben Sie auf der Schleppe bei jedem Wetter, also auch bei Regen und unter unterschiedlichen Bodenverhältnissen auf der Wiese und im Wald. Und legen Sie hin und wieder ruhig die ersten stumpfen Haken ein.

Der Jungspund wird am markierten Schleppenbeginn angesetzt.

Auch die Schleppen arbeitet der Hund jetzt noch an der langen Leine aus.

So eingearbietet, wird Ihr Hund auch später keine Probleme mit Raubwildschleppen haben.

SCHWEISSFÄHRTEN UND WIEDERHOLUNG

Nun, etwa ab der 13. bis 14. Woche muss Ihr Zögling auch mit der Arbeit auf der künstlichen Wundfährte vertraut gemacht werden. Die Nachsuche wird später schließlich eine der wichtigsten und anspruchsvollsten Aufgaben überhaupt.

Neben Futterschleppe, Führerrückfährte und vor allem Hasenspur hat Ihr Lehrling in den vergangenen Wochen seine Nase nun auch auf den ersten kleinen Schleppen geschult. Dabei haben Sie stets darauf geachtet, dass er ruhig, konzentriert und mit tiefer Nase „arbeitete", und ferner bedacht, dass die Schleppe eine leicht zu verfolgende „Duftstraße" ist, die Hasenspur dagegen ein anspruchsvolles dünnes „Duftfädchen", das Ihrem Hund wesentlich mehr abverlangt. Dass im Alter von 13 bis 14 Wochen die

Zeit für das Heranführen Ihres Junghundes an die Kunstschweißfährte gekommen ist, bemerken Sie spätestens dann, wenn er anfangen sollte, die kleinen Schleppen unkonzentriert und mit hoher Nase zu arbeiten.

VORBEMERKUNGEN

Die Arbeit nach dem Schuss ist die wichtigste Arbeit des Jagdhundes überhaupt, gilt es doch, das kranke Stück Wild als Folge einer unzulänglichen jagdlichen (Schieß-)Leistung im vorrangigen Interesse des Tierschutzes rasch von seinen Leiden zu erlösen. Dazu bedarf es eines gut veranlagten, aber vor allem sehr gut ausgebildeten Hundes, wobei der größte Wert auf eine ruhige, konzentrierte, auch lang anhaltende Riemenarbeit mit Verweisen von Pirschzeichen gelegt werden muss.

Der voll ausgebildete, gute Nachsuchenhund muss später im jagdlichen Einsatz auch schnell und aggressiv hetzen und außerdem das kranke Stück Wild scharf und ausdauernd stellen oder herunterziehen und abtun können, wozu nicht alle Rassen geeignet sind. Dies alles bedarf einer gründlichen Anleitung und Ausbildung des Hundes und nicht zuletzt auch des Führers.

Auch an die tierschutzwichtige Nachsuche kranken Wildes muss Ihr Hund schon frühzeitig herangeführt werden.

GUTE AUSBILDUNG –
EIN TIERSCHUTZGEBOT

Nach meiner Auffassung ist es zumindest fahrlässige Tierquälerei, mit einem schon von der Rasse oder vom Ausbildungsstand her ungeeigneten Jagdhund eine Nachsuche auf krankes Wild zu beginnen, wenn der Ausgang ungewiss ist. Ein solches Probieren im Ungewissen verlängert die Tierquälerei vermeidbar, oder verhindert sogar, dass das kranke Stück von seinen Leiden erlöst werden kann.

Der Trend zur Schweißarbeit auch mit ungeeigneten Rassen und zu Schweißprüfungen und Leistungszeichen mit „hohem Stellenwert" verleiten immer wieder unerfahrene Führer zu zwar gut gemeinten Versuchen und fahrlässigen Reaktionen. Ich habe mit meinen Hunden immer wieder Stücke gefunden und von ihren Leiden erlöst, die als vermeintliche Fehlschüsse schon mit ungeeigneten Hunden angesucht oder gar aufgemüdet worden waren.

PRÜFUNGEN MACHEN
NOCH KEINEN MEISTER

Die „Kunstschweißarbeit" im Rahmen der Brauchbarkeitsprüfung, der Verbandsgebrauchsprüfung (VGP) und der Verbandsschweißprüfung (VSwP) ist zwar gut gemeint, bringt aber in der Regel keinen auch für schwierige Fälle geeigneten Nachsuchenhund hervor, da die Hunde aufgrund der Vorgaben der jeweiligen Prüfungsordnung nur gelernt haben, auf Schweiß zu gehen. Hinzu kommt, dass selbst eine bestandene Verbandsschweißprüfung noch lange nichts darüber aussagt, ob der Hund die notwendige Wildschärfe hat, verbunden mit dem erforderlichen Respekt vor wehrhaftem Wild. Bei der Einarbeitung des Hundes auf der künstlichen Wundfährte müssen wir wegen der Vorgaben der Prüfungsordnungen vorläufig aber noch mit Schweiß oder aufbereitetem Rinderblut arbeiten – leider.

Bestandene Prüfungen allein genügen nicht. Schwierige Nachsuchen in der Praxis sind Spezialistensache!

TIPP

Fragt man „prüfungsbewährte" Führer nach Abbruch einer Nachsuche nach dem Warum, bekommt man immer wieder die Antwort: „Nach xy Metern hatte ich keine Bestätigung mehr, keinen Schweiß!" Kein Schweiß in der Krankfährte heißt aber noch lange nicht, dass das Stück gesund weggekommen ist!

MIT DEM WELPEN AUF KUNSTSCHWEISS

Ruhe ist bei der Schweißarbeit die erste Pflicht – Ruhe und nochmals Ruhe beim Hund und insbesondere auch bei Ihnen, dem Führer. Vom Hund wird darüber hinaus Konzentration, Genauigkeit, Ausdauer, Finderwillen und Vorwärtsdrang verlangt. Eine schwierige Nachsuche stellt letztlich höhere Anforderungen an die Arbeitsruhe und Konzentrationsfähigkeit des Hundes als an seine Nase.

ERFOLGSFAKTOR MOTIVATION

Die Arbeit auf der künstlichen Schweißfährte bedarf einer hohen Motivation des Hundes, denn er lernt schnell den Unterschied zur echten Naturfährte.

Dem Welpen müssen Sie die ersten „Arbeiten" auf der künstlichen Wundfährte, die auch später höchstens zwei bis maximal drei Mal die Woche geübt werden sollte, also interessant und angenehm machen. Dies insbesondere, wenn Ihnen kein Wildschweiß zur Verfügung steht.

Bewusst haben Sie Ihren Hund mit Ausnahme der Hasenspur bisher nur an Wild mit „unangenehmer, scharfer" Wittrung herangeführt. Jetzt, bei seiner ersten

Schweißarbeit versüßen wir ihm die Arbeit mit „lieblicher" Wittrung. In Schaf- oder Rinderblut legen wir etwa einen Tag lang das Gescheide eines Hasen oder eines Kaninchens. Das so aufbereitete Blut wird dann für die Schweißfährte verwendet.

LANGSAM STEIGENDE ANFORDERUNGEN

Gelegt werden die ersten künstlichen Wundfährten zunächst in einem möglichst wildarmen Revierteil, um anfangs Ablenkungen zu vermeiden.

Zunächst genügen 20 bis 30 Meter und eine Stehzeit von zwei Stunden. Anfangs wird etwas mehr Blut verwendet, denn der Hund

Tupfstock und Schweißbehälter

TUPFEN IST BESSER ALS SPRITZEN ODER TROPFEN

Die getupfte Schweißfährte hat eindeutige Vorteile gegenüber der Spritz- und der Tropffährte: Beim Tupfverfahren bleibt das Blut nicht in halber Höhe an Gräsern oder Sträuchern hängen, sondern gelangt unmittelbar auf den Erdboden. Außerdem entstehen durch den Tupfstock leichte Boden-„Verwundungen" als weitere praxisnahe Orientierungshilfen für den Hund. Vor allem aber zwingt ihn das Tupfverfahren, die Nase ganz an den Boden herunterzunehmen – eine der wesentlichen Voraussetzungen für die sichere Schweißarbeit.

Getupfte Kunstfährten haben Vorteile gegenüber gespritzten oder getropften.

muss Erfolg haben und leicht zum Ziel finden. Von Fährte zu Fährte werden dann die Entfernungen größer, die verwendete Blut- beziehungsweise Schweißmenge immer geringer und die Stehzeit länger. Später kommen dann auch Wundbetten, Haken und vor allem die Übernachtfährte dazu.

MIT HUNGER UND KONZENTRATION

Bei der Einarbeitung des Hundes auf Schweiß wird stets mit nüchternem, also hungrigem Hund angetreten. Dies gilt insbesondere für die Arbeit des Welpen auf seinen ersten künstlichen Wundfährten. Je hungriger der kleine Kerl ist, desto eifriger wird er arbeiten, seinen Finderwillen mobilisieren und die Fährte vorwärts bringen.

Im Übrigen sollte die Schweißarbeit zunächst regelmäßig an den Anfang einer Übungsstunde gestellt werden, nachdem der Hund zuvor ausreichenden Auslauf hatte. So ist sein erster Bewegungsdrang abgeebbt, seine Konzentration aber noch nicht von anderen Übungen in Anspruch genommen worden. Am Ende der Fährte liegt immer eine Decke, Schwarte oder, wenn möglich, gar ein ganzes Stück Wild. Schweiß und Decke oder Schwarte müssen natürlich von derselben Wildart stammen!

ARBEITSABLAUF

In einem fortgeschrittenen Ausbildungsstadium sollte die Schweißarbeit später auch immer in derselben Reihenfolge ablaufen (s. Infobox).

Von Ihrem Welpen bei seinen ersten Arbeiten die Einhaltung dieser „Zeremonie" zu verlangen, wäre noch zu viel. Gehen Sie also ruhig mit dem Hund in die Nähe des „Anschusses", den Sie beim Legen der Fährte verbrochen haben, legen ihm dort die Schweißhalsung an und gehen dann beide zum Anschuss vor und untersuchen ihn gemeinsam.

Möglichst immer gleicher Ablauf: Der Hund wird etwas entfernt abgelegt und Sie untersuchen intensiv den „Anschuss".

Der Welpe wird zum „Anschuss" geführt.

Und nun soll er die Fährte mit Ihrer Hilfe ausbuchstabieren.

Lassen Sie sich Zeit – der Hund soll sich ausgiebig mit dem Anschuss beschäftigen. Fordern Sie ihn dann mit „Such verwund't" auf, der Fährte zu folgen, wobei Sie ihm – wenn es nicht gleich klappen sollte – den Verlauf der ersten Meter mit der Hand noch zeigen und auch später immer wieder weiterhelfen.

Anfangs halten Sie den Riemen noch sehr kurz. Bleibt er auf der Fährte, deren Verlauf Sie mit Watte, Markierungsband oder Ähnlichem an Bäumen oder anderen Geländepunkten genau ausgezeichnet haben, erhält er mehr Riemen.

Erwarten Sie aber von dem Welpen noch keine Höchstleistungen! In diesem Alter ist er dazu einfach noch nicht in der Lage. Wir wollen ihn zunächst ja nur an die Anfänge der Schweißarbeit heranführen.

DAS ANSCHUSSRITUAL

In einem fortgeschrittenen Ausbildungsstadium sollte die Schweißarbeit später auch immer in derselben Reihenfolge ablaufen, und zwar etwa so:

1. Sie legen Hund und Schweißriemen einige Meter vom Anschuss entfernt ab.
2. Sie gehen langsam zum Anschuss vor und untersuchen diesen ausgiebig. Dabei lassen Sie sich Zeit: Der Hund kann sich bei diesem „Ritual" auf die kommende Aufgabe einstellen und konzentrieren.

3. Sie gehen dann zu Ihrem Hund zurück, reden ruhig auf ihn ein und entfernen seine Alltagshalsung. Dann wickeln Sie den Schweißriemen ab, werfen ihn aus und legen dem Hund die Schweißhalsung mit Schweißriemen an.
4. Sie gehen ruhig nun mit dem Hund zum Anschuss, zeigen ihm dort das Blut bzw. den Schweiß, den er ausgiebig bewinden soll, und fordern ihn dann mit „Such verwund't" auf, der Duftspur zu folgen.

MIT TIEFER NASE VON ANFANG AN

Achten Sie aber schon bei der ersten Arbeit darauf, dass der Welpe möglichst ruhig, konzentriert und mit tiefer Nase sucht. Meist klappt dies auch auf Anhieb, wozu insbesondere das mit „lieblicher" Wittrung präparierte Rinderblut und das Neue an dieser Übung beitragen.

Wird der Hund auf der künstlichen Wundfährte zu stürmisch, nehmen Sie ihn kurz am Riemen, halten Sie ruhig einige Zeit an oder „tragen" Sie ihn ab und reden beruhigend auf ihn ein. Und vor allem: Bewahren auch Sie Ruhe! Denn bei der Fährtenarbeit

„Gefunden"! Bei den ersten Schweißübungsfährten ist der Erfolg des Welpen ein Muss!

gibt es nur freundliche Worte, keine scharfen Kommandos.

Sobald der Hund ruhiger geworden ist,
„schmeicheln" Sie ihn wieder auf die Fährte
ein und mit „Such verwund't" geht es weiter.
Gelangt er schließlich zum „Stück" – und
das muss er! –, loben und liebkosen Sie den
kleinen Kerl. Dabei können Sie ruhig übertreiben, zeigen Sie ihm Ihre übergroße Freude. Und dann bekommt er seine „Beute":
Seine Lieblingshappen oder gar einen Teil
seiner täglichen Futterration.

DIE ANFÄNGE DES VERWEISENS

Versucht Ihr künftiger Jagdgefährte nach
den ersten Übungsfährten, mit hoher Nase
zu finden, dann ist das meist ein Zeichen da-

für, dass die künstliche Wundfährte für ihn
jetzt zu einfach ist. Nehmen Sie also bei der
nächsten Fährte weniger Blut oder Schweiß,
lassen Sie die Fährte länger stehen und legen
Sie in den Fährtenverlauf zunächst größere
„Pirschzeichen" aus – zum Beispiel Sauschalen, Knochensplitter, aber auch Futterbrocken –, die Sie in kleinen Gläsern mit
durchlöchertem Deckel sichern können.
Findet er die ausgelegten Zeichen, gehen
Sie am Riemen nach vorne und zeigen Sie
ihm Ihr Interesse mit „Lass sehen, mein
Hund." Hiermit bringen Sie Ihrem Welpen
die Anfänge des Verweisens von Pirschzeichen bei, das Sie später dann mit einer
ähnlichen Übung gezielt trainieren und
festigen können.

MÖGLICHST SCHNELL ZUM FÄHRTENSCHUH

Hat Ihr Hund die Prüfungen bestanden,
bei denen für das Fach „Schweißprüfung"
die Wundfährte immer noch im Spritz-/
Tropf- oder Tupfverfahren hergestellt wird

So kann ein Verweiserpunkt in der Fährte aussehen.

Sobald die Prüfungen bestanden sind, sollten Sie Ihren Hund auf mit dem Fährtenschuh getretene Fährten umstellen.

(Brauchbarkeits- oder Jagdeignungsprüfung, VGP oder VSwP), stellen Sie ihn so rasch wie möglich auf die mit dem Fährtenschuh getretene Fährte um – also weg vom Schweiß! Warum?

Die Praxis zeigt immer wieder, dass am Anschuss, auch dahinter und in der Fährte häufig kein Schweiß zu finden ist. Hunde aber, die für ihre Arbeit Schweiß benötigen, weil sie wegen der Vorgaben der Prüfungsordnungen so ausgebildet werden mussten, werden in diesen Fällen – das habe ich immer wieder erlebt – versagen! Und dann folgt oft das verheerende Fazit: „Na, wohl doch gefehlt!?" Diese Schlussfolgerung aber darf auf keinen Fall sein!

Nachdem der junge Hund alle Arbeiten kennengelernt hat, stehen konsequente Wiederholungen auf dem Trainingsprogramm.

WOCHE 15 UND 16: WIEDERHOLUNG

Durch die bisherige Erziehung, Anleitung und Förderung Ihres Welpen nach den Vorgaben der vorangegangenen Wochenabschnitte haben Sie ihn bereits in seinen ersten Lebenswochen mit einer Vielzahl seiner späteren jagdlichen Aufgaben, insbesondere aber auch mit seiner Umwelt bekannt gemacht, ja teils sogar regelrecht konfrontiert. Alle Vorübungen für die spätere Grundausbildung haben Sie ausgeführt, wiederholt und dabei richtig erkannt: Wesentliche Grundlage jeder Erziehung, Anleitung und Förderung sowie der späteren Ausbildung ist Gewöhnung. Stete Wiederholung führt dazu!

WIEDERHOLUNG ERZEUGT FESTIGUNG

Alles, was Ihr Welpe bisher gelernt hat, muss jetzt durch Wiederholung gefestigt werden. Das steht in der 15. und 16. Lebenswoche des Welpen auf der Agenda.

Die Notwendigkeit der weiteren Verankerung gilt vor allem für den Kleinen Gehorsam, denn Gehorsam ist eine der wichtigsten Voraussetzungen für die erfolgreiche spätere Ausbildung des Hundes. Welche Grundregeln auch bei diesen Wiederholungen und Festigungsübungen zu beachten sind, ist im unten stehenden Kasten noch einmal aufgeführt.

Am Ende der 16. Lebenswoche Ihres Welpen werden Sie feststellen, dass aus dem kleinen Kerl ein selbstbewusster und selbstsicherer Hund geworden ist und dass er in seinen ersten Lebenswochen durchaus schon beachtliche Leistungen gezeigt hat, die Sie anfangs sicher nicht für möglich gehalten hätten.

Damit aber sind die ersten Hürden genommen und die wichtigsten Grundlagen für die weitere Ausbildung Ihres Jagdhelfers zur Prüfungs- und vor allem Jagdpraxisreife gelegt – und nur um Tauglichkeit in der Praxis geht es in der Jagdhundausbildung ja am Ende.

WIEDERHOLUNG UND FESTIGUNG – DIE GRUNDREGELN

— Klappt eine Übung einmal nicht mehr, suchen Sie den Fehler nicht beim Hund, sondern zunächst bei sich selbst. Fangen Sie dann wieder von vorn an und gehen dabei in Lernschritten vor, Schritt für Schritt, und Sie werden sehen, dass die Übung nun läuft. Dann gehen Sie auf eine andere Übung über und wiederholen die vorangegangene Übung erst später wieder.

— Leise gesprochene Kommandos, ein leiser Pfiff genügen als akustische Zeichen, als Laut- oder Hörzeichen. Verbinden Sie Hör- und optische Zeichen, also Sichtzeichen, auf die der Hund häufig besser reagiert. Im Übrigen – Ihr Hund kann Kommandos auch aus Ihren Gesten lesen.

— Üben Sie nur mit angeleintem Hund und nicht immer an ein und derselben Stelle. Wechseln Sie Ort und Zeit Ihrer Übungen und lockern Sie den Hund und sich dazwischen immer wieder durch Freilauf und Spiel auf.

— Überanspruchen Sie Ihren Welpen nicht. Dies gilt insbesondere bei dem Einsatz der Übungsangel. Lernen Sie, rechtzeitig aufzuhören, üben Sie öfter am Tag kurze Zeit, aber möglichst täglich, und bleiben Sie stets ruhig, beherrscht und besonnen. Schlagen Sie Ihren Welpen nie.

— Schließen Sie jede Übungsstunde mit einer Übung ab, die Ihr Hund schon bestens beherrscht. Alsdann gibt es Lob und Spiel. Ihr Welpe braucht diesen Erfolg.

HERZENSTHEMEN

EIN WORT ZUR „SCHÄRFE"

Vermutlich werden Sie sich bis hierher gewundert haben, warum Sie von Anbeginn an mit kaltem Raubwild arbeiten sollten und nicht mit Nutzwild wie Kaninchen oder Ente. Dafür gibt es zwei Gründe. Einer davon ist die Notwendigkeit, in Ihrem Hund die Raubwildschärfe zu wecken und fördern.

Erst einmal ist es sinnvoll, den Welpen zunächst an Raubwild mit stechender Witterung heranzuführen, weil er es, wie schon erwähnt, wesentlich einfacher und ungehemmter greift, solange er Wild mit „lieblicher" Witterung noch nicht kennt.

Der andere Grund, um den es hier nun gehen soll, ist aber viel bedeutender: Wir brauchen gerade heute aus Gründen des Tierschutzes den wildscharfen und raubwildscharfen Gebrauchshund, der Raubwild und invasiven Prädatorenarten nach Kommando auf der Gesund- oder Krankspur folgt, und umgehend abwürgt sowie apportiert, eine angeschweißte Sau nach kurzer aggressiver Hetze scharf und ausdauernd stellt oder auch ein krankes Stück Rehwild herunterzieht und schnell abtut.

DAS WESEN DER SCHÄRFE

Unter Schärfe unserer Jagdhunde verstehen wir die Härte im Sinne von Abschnitt I Nr. 2 des Anhangs zur VGP-Prüfungsord-

Raubwildschärfe oder auch „Härte" ist ein Gebot des Tierschutzes. Wir müssen sie früh wecken und fördern.

nung (VGPO; Leistungszeichen des Jagdge-brauchshundverbands). Wir unterscheiden dabei zwischen Raubwildschärfe und Wild-schärfe, also der Schärfe an Nutzwild. Nach Auffassung der Verhaltensforschung soll dabei die Raubwildschärfe dem Funk-tionskreis des Sozialverhaltens, das heißt beim Rüden dem Kampftrieb und bei der Hündin dem Schutztrieb, und auch dem Selbsterhaltungstrieb gegenüber potenziel-len Nahrungskonkurrenten entstammen. Wildschärfe wird demgegenüber durch den Funktionskreis des Nahrungserwerbs und vom Jagdtrieb gesteuert. Ein raubwildschar-fer Hund ist grundsätzlich auch wildscharf, umgekehrt muss ein wildscharfer Hund allerdings nicht unbedingt auch Raubwild-schärfe zeigen.

HÄRTENACHWEIS

Der Härtenachweis, der sogenannte „Schär-festrich", sollte zumindest bei allen deut-schen Vollgebrauchshundrassen Vorausset-zung für eine Zuchtfreigabe sowohl für Rüden als auch für Hündinnen sein. Nur so kann sichergestellt werden, dass die „Härte", also Raubwildschärfe, zum Erbgut der El-terntiere zählt. Dies trifft denn auch in den meisten Fällen zu: Härte ist grundsätzlich angewölft.

EXKURS JAGDHUNDE UND AGGRESSION

Diese Raubwild- und Wildschärfe, die unse-re Jagdgebrauchshunde haben müssen, hat nicht das Geringste mit „Schärfe" im Sinne von übersteigerter, teils unkontrollierbarer Aggression gegenüber der eigenen Art und/ oder dem Menschen zu tun. Immer wieder kann man Jagdhunde sehen, die kompro-misslos Wild und Raubwild abwürgen, Menschen oder Artgenossen gegenüber aber regelrecht „lammfromm"sind. Umgekehrt findet man vor allem unter Nicht-Jagdhun-

INSTINKT AGGRESSION

Die Aggression ist nach Konrad Lorenz wie jeder andere Trieb ein Instinkt – ihn besitzen natürlich auch unsere Jagdhun-de. Auch der Aggressionstrieb muss „gesteuert" werden und braucht von Zeit zu Zeit eine Abreaktion – ein Ventil, um einen Aggressionsstau zu vermei-den. Dieses Ventil bieten wir bei der Anleitung und Ausbildung unserer Jagd-hunde von Anfang an. Im Spiel mit un-serem Welpen, zum Beispiel beim „Tau-ziehen" mit einem Stück Stoff, einem Stock oder mit dem Greifgegenstand, und vor allem auch an der Übungsangel. Diese „Rauferei" mit dem Führer um die Beute ist für jeden Welpen ein Lieblings-spiel. Er steigert sich da richtig hinein, zerrt an dem Greifgegenstand, kämpft und knurrt, wird „wütend" – das Ventil ist geöffnet, der Hund reagiert seine Aggression im Spiel ab. Ein Anstau von Aggression entsteht damit erst gar nicht.

den durchaus welche, die vor jeder Katze Reißaus nehmen, ihr Mütchen jedoch gern einmal an den Waden einzelner Zweibeiner kühlen.

GEFÄHRLICHE JAGDHUNDE – ZÜCHTERISCH UNERWÜNSCHT!

Aus vorstehend genannten Gründen dürfen raubwild- und wildscharfe Jagdhunde auch nicht a priori unter die „Verordnungen über das Halten gefährlicher Tiere (Gefahrtier-Verordnung)" fallen.

All unsere Jagdhunde werden auf ihre Art-genossen und auf uns Menschen geprägt. Das „Wie" wurde im Kapitel „Entwick-lungsphasen" geschildert. Jagdhunde, die auffällig geworden sind, also gelegentlich eine übersteigerte Aggressivität gegenüber Artgenossen oder dem Menschen gezeigt haben, werden außerdem regelmäßig von der Zucht ausgeschlossen. Sie kommen

Wenn sich der junge Hund an kaltem Raubwild abreagiert, ist das in Ordnung und hat mit „Kampf-hund-Aggression" nichts zu tun.

heute nur noch selten vor. „Gefährliche" Hunde im Sinne der genannten Verordnungen können also bei unseren Jagdhunden so gut wie nicht herangezüchtet werden: Sie sind nämlich schlicht und einfach nicht erwünscht.

„KAMPFHUNDE" SIND MENSCHGEMACHT

Unter den als gefährlich eingestuften soge-nannten „Kampfhundrassen" gibt es aber auch keine, die als Rasse insgesamt beson-ders gefährlich ist. Es sind vielmehr immer nur einzelne Linien, Züchtungen innerhalb einer Rasse, deren „Züchter", will man über-haupt diesen Ausdruck für solche Leute ver-wenden, teils mit üblen Methoden die Hun-de zu aggressiven Beißern erziehen: Und die immer wieder nur Hunde mit erheblicher Überaggression paaren, um diese gesteigerte Aggressivität weiterzuvererben – und dies gelingt leider meist.

Kampfhunde sind ein Produkt jahrzehntelanger züchterischer Selektion ... und ihrer Besitzer!

Aber genau so gut wie derartige Aggressivität in einzelne Linien einer Rasse hineingezüchtet werden kann, kann diese Art „Schärfe" auch wieder herausgezüchtet werden. Allerdings bedarf es einiger Hundegenerationen, bis man wieder lammfromme Hunde erhält. Solange es jedoch den Typ Mensch gibt, der überaggressive Beißer als Statussymbol und für seine Selbstbestätigung braucht, der sich auch nicht scheut, diese Hunde als „Waffe" einzusetzen, wird es trotz der Verordnungen im Untergrund wohl auch weiterhin solche „Züchter" geben.

Gleichwohl ist der Ansatzpunkt der Gefahrtier-Verordnungen richtig. So sollen nur die Hunde ausgegrenzt werden, notfalls auch durch Tötung, die durch ein außergewöhnliches Aggressionspotenzial auffällig geworden sind beziehungsweise werden könnten. Ein Aussterben dieser Rassen ist aber wohl nicht beabsichtigt.

FÖRDERUNG DER JAGDLICHEN SCHÄRFE

Wollen wir also einen raubwildscharfen Hund – und dies ist heute notwendig – müssen wir diese Anlage wie alle anderen angewölften Anlagen auch im Welpen wecken, fördern und festigen. Deshalb muss der Welpe frühzeitig an kaltes Raubwild aller Art herangeführt, ja geradezu damit konfrontiert werden. Ich habe bei all meinen Hunden die Schärfe nach der im Kapitel „Bringen – erste Übungen" beschriebenen Methode geweckt und gefördert.

RAUBWILD AN DER REIZANGEL

Beim ersten Kontakt des Welpen mit Raubwild wird sein Interesse erregt, indem dem Stück an der Reizangel oder einem Strick „Leben eingehaucht" wird. Der Reiz, etwas „Lebendiges" zu greifen, wird also zur Überwindung der anfänglichen Vorsicht gezielt

genutzt. Hat der Welpe gepackt, wird er durch Lob und vielleicht auch Futterbröckchen in seinem Tun bestärkt.

In den nächsten Tagen und Wochen werden die Greifübungen mit Raubwild ausgedehnt und später mit „Apport" verbunden. An einem Schleppseil ruckartig gezogen, wird ein krankes Stück simuliert, das der Welpe instinktiv verfolgen und greifen wird. Nun darf er es beuteln, herumtragen und auch damit spielen. Erst nach einigen Minuten wird ihm das Stück wieder abgenommen und die Übung noch einmal wiederholt.

„GRIFFIG" WERDEN

Später bemühen Sie eine zweite Person, die ein Stück Raubwild vor Ihrem angeleinten Hund herzieht. Gehen Sie mit dem Welpen hinterher und fordern Sie ihn auf, zu greifen. Sobald er das Raubwild im Fang hat, muss am Band gezogen und geruckt werden. Das Stück hängt jetzt in der Luft – wieder ist es für den Hund „lebendig". Nun folgt ein etwas stärkerer Ruck – der Hund verliert das Stück. Während Sie ihn an der Leine festhalten, wird das Stück vor seiner Nase

An der Übungsangel können wir die Härte des jungen Hundes fördern und ihn griffig machen.

hin- und hergezogen, auch geschwenkt. Ihr Welpe muss jetzt richtig „griffig" werden. Er wird an der Leine zerren, immer wieder einspringen, um an seine Beute zu kommen. Erst nach 30 bis 40 Sekunden geben Sie nach – er darf seine Beute greifen.

TIPP

Verwenden Sie bei späteren Fuchs-apport-Übungen mit dem ausgewachsenen Hund keine Fuchsfähe, die in der Ranzzeit erlegt wurde! Ich habe wiederholt erlebt, dass insbesondere dominante Rüden bei der Arbeit mit einer solchen Fähe den Gehorsam verweigerten.

Ein Gebrauchshundwelpe, bei dem durch derartige Übungen die angewölfte Schärfe geweckt und gefördert wurde, wird nach meiner Erfahrung stets Raubwildschärfe zeigen, insbesondere dann, wenn Sie derartige Übungen auch im Jugendalter des Hundes fortsetzen, wobei jetzt auch noch Gehorsam und korrekter Apport hinzukommen.

IMMER WIEDER FUCHSAPPORT

Und noch eins ist wichtig: Setzen Sie Apportierübungen mit dem Fuchs über die gesamte Ausbildungzeit Ihres Hundes kontinuierlich fort. Angefangen wird mit dem Fuchswelpen; je älter, größer und stärker der Hund wird, desto größer und schwerer wird auch der Fuchs.

Der Fuchsapport muss immer wieder geübt werden!

UNSERE JUGENDPRÜFUNGEN – ZUR DISKUSSION GESTELLT

Das jagdliche System der heutigen Jagdhundeprüfungen wurde vor etwa gut 120 Jahren begründet. Dank der Verhaltensforschung hat sich seither in der Ausbildung von Jagdhunden viel geändert. Sind Anlagenprüfungen im Frühjahr heute noch zeitgemäß?

Das Prüfungssystem für Vollgebrauchshunde geht zurück auf Oberländer und insbesondere auf Sigismund Freiherr von Zedlitz und Neukirch (1838–1903), der besser unter seinem Pseudonym „Hegewald" bekannt ist. An der Wende vom 19. in das 20. Jahrhundert war kynologische Verhaltensforschung noch ein Fremdwort, folglich gab es auch keine Frühest- und Früherziehung unserer Hunde.

JAGDHUNDAUSBILDUNG IM WANDEL

Die Ausbildung der Jagdhunde begann damals mit einem Jahr, im günstigsten Fall mit fünf bis sechs Monaten. Bis dahin blieben die Hunde „roh" und waren meist isoliert im Zwinger.

FRÜHER: „ROH" ZUR ANLAGEN-PRÜFUNG

So trat ein im Frühjahr gewölfter Hund zur Anlagenprüfung im nächsten Frühjahr, also zur (Verbands-)Jugendsuche ebenfalls „roh" an, denn er stand zu diesem Zeitpunkt noch unter so gut wie keinem Ausbildungs- und Abrichtungseinfluss. Insoweit war es ein Einfaches, die angewölften Anlagen (zum Beispiel Nase, Suche, Spurwille) des Jähr-

lings und damit auch das Erbgut seiner Elterntiere festzustellen.

HEUTE: FAST AUSGEBILDET ZUR VERBANDSJUGENDPRÜFUNG

Heute, mehr als 100 Jahre später, beginnt die Anleitung und Ausbildung unserer Hunde dank der Erkenntnisse der Verhaltensforschung über die Frühest- und Früherziehung, die Anlagenweckung und -förderung sowie die jagdliche Prägung bereits im Welpenalter von der 7. bis 8. Lebenswoche an.

Nicht nur vorbildlichen Apport leisten entsprechend ausgebildete Hunde heute längst mit einem Jahr.

Am Morgen einer Jugendprüfung. Können Richter wirklich noch feststellen, was angewölfte Anlage und was Ausbildungsergebnis ist?

Ab der 17. Woche schließt sich dann die Grundausbildung an, mit der Folge, dass der Junghund häufig schon mit neun bis zehn Monaten, spätestens aber im Alter von einem Jahr durchaus in der Lage ist, die Mindestanforderungen an die jagdliche Brauchbarkeit bzw. Eignung zu erfüllen. Solche Hunde sind heute keine Seltenheit mehr! Ein zum Beispiel im Winter gewölfter und so ausgebildeter Hund kann seine Verbandsjugendprüfung (VJP) aber erst im übernächsten Frühjahr absolvieren, also zu einem Zeitpunkt, wo der Hund im Wesentlichen so gut wie fertig ausgebildet ist.

Sicher, die Hasensuche wäre im Herbst nicht einfacher. Geprüft werden müsste in den besten Revieren.

ZUR DISKUSSION GE-STELLT: VJP IM HERBST

Welcher Verbandsrichter will bei einem Hund, der zum Zeitpunkt der Frühjahrs-VJP bereits „reif" für die Herbstzuchtprüfung oder Brauchbarkeitsprüfung ist, eindeutig feststellen, was bei den gezeigten Leistungen des Hundes noch angewölfte Anlage, also noch Erbgut der Eltern ist, und was schon auf Anleitung, Ausbildung und Abrichtung zurückgeht? Ein guter Ausbilder und Führer kann nämlich auch einen minder veranlagten Welpen über die Früherziehung, Anleitung und weitere Ausbildung zu guten Leistungen bringen. Ich jedenfalls möchte eine solch eindeutige Feststellung nicht treffen wollen.

Drängt sich hier nicht die Frage nach einer VJP im Herbst, zum Beispiel gegen Ende Oktober, auf? Damit hätten dann auch die im Herbst oder Winter gewölften Hunde die Möglichkeit, ihre Anlagen im jugendlichen Alter zu zeigen.

ARGUMENT HASENSPUR

Sicher, da ist das Problem mit den Hasenbesätzen, die in vielen Prüfungsrevieren Prüflingen und Prüfern schon im Frühjahr einige „Marsch-Kilometer" abverlangen. Manche Gebrauchshund-Vereine beziehungsweise ihre Unterorganisationen, die ihre Jugendprüfungen auch im Herbst abhalten können, verzichten mittlerweile sogar auf diese Termine, um Chancengleichheit hinsichtlich Hasenvorkommen und Bewuchsverhältnissen für alle Hunde zu gewährleisten. Damit alle Hunde im übernächsten Frühjahr noch die Jugendprüfung machen können, wurde dazu das zulässige Prüfungsalter entsprechend erhöht. Dies ist meines Erachtens nicht der richtige Schritt: Auch bei diesen Hunden stellt sich zukünftig die Frage, ob die gezeigten Leistungen ihre Anlagen oder aber ihren Ausbildungsstand wiedergeben.

Das Problem der Durchführbarkeit der Hasenfächer im Herbst ist sicher nicht von der Hand zu weisen. Für herbstliche Jugendprüfungen dürften zweifelsohne nur die besten Reviere herangezogen werden.

ASPEKT BRUT-UND SETZZEIT

Darüber hinaus spricht noch ein weiterer Umstand für Jugendprüfungen im Herbst. Bisher werden die Frühjahrs-Jugendprüfungen noch regelmäßig zu Beginn der gesetzlichen Brut- und Setzzeiten abgehalten. Dies war schon lange ein Dorn im Auge der Tier- und Naturschützer, die auch hier wieder „Gewehr bei Fuß" standen.

Der letzte zulässige Prüfungstermin ist nun der 15. April eines jeden Jahres. Damit sind diese Kritikpunkt vorausschauend zwar etwas entkräftet. Dies bedeutet aber auch, dass bei einer Verkürzung des Prüfungszeitraumes der derzeit schon hohe Andrang bei den Jugendprüfungen noch größer wird und damit auch der Druck auf die Natur! Hier würde durch zusätzliche Prüfungstermine im Herbst eine spürbare Entlastung geschaffen. Ich meine, dass es sich lohnt, darüber nachzudenken.

Konflikte mit den Setz-, Brut- und Aufzuchtzeiten wären bei Jugendsuchen im Herbst ausgeschlossen.

SERVICE

TIERSCHUTZ-HUNDEVERORDNUNG (Auszug)

vom 2. Mai 2001, zuletzt geändert durch Art. 1 der Verordnung
vom 25. November 2021

§ 1 ANWENDUNGSBEREICH

(1) Diese Verordnung gilt für das Halten und Züchten von Hunden (*Canis lupus* f. familiaris).

(2) [...]

§ 2 ALLGEMEINE ANFORDERUNGEN AN DAS HALTEN

(1) Einem Hund ist nach Maßgabe des Satzes 3
   1. ausreichend Auslauf im Freien außerhalb eines Zwingers zu gewähren,
   2. mehrmals täglich in ausreichender Dauer Umgang mit der Person, die den Hund hält, betreut oder zu betreuen hat (Betreuungsperson), zu gewähren und
   3. regelmäßig der Kontakt zu Artgenossen zu ermöglichen, es sei denn, dies ist im Einzelfall aus gesundheitlichen Gründen oder aus Gründen der Unverträglichkeit zum Schutz des Hundes oder seiner Artgenossen nicht möglich.

Abweichend von Satz 1 Nummer 2 ist Welpen bis zu einem Alter von zwanzig Wochen mindestens vier Stunden je Tag Umgang mit einer Betreuungsperson zu gewähren. Auslauf und Sozialkontakte sind der Rasse, dem Alter und dem Gesundheitszustand des Hundes anzupassen.

(2) [...]

(3) Einem einzeln gehaltenen Hund ist täglich mehrmals die Möglichkeit zum länger dauernden Umgang mit Betreuungspersonen zu gewähren, um das Gemeinschaftsbedürfnis des Hundes zu befriedigen.

(4) Ein Welpe darf erst im Alter von über acht Wochen vom Muttertier getrennt werden. Satz 1 gilt nicht, wenn die Trennung nach tierärztlichem Urteil zum Schutz des Muttertieres oder des Welpen vor Schmerzen, Leiden oder Schäden erforderlich ist. Ist nach Satz 2 eine vorzeitige Trennung mehrerer Welpen vom Muttertier erforderlich, sollen diese bis zu einem Alter von acht Wochen nicht voneinander getrennt werden.

[...]

§ 4 ANFORDERUNGEN AN DAS HALTEN IM FREIEN

(1) Wer einen Hund im Freien hält, hat dafür zu sorgen, dass dem Hund
  1. eine Schutzhütte, die den Anforderungen des Absatzes 2 entspricht, und
  2. außerhalb der Schutzhütte ein witterungsgeschützter, schattiger und wärmege-
     dämmter Liegeplatz, der weich oder elastisch verformbar ist und der so beschaffen
     ist, dass der Hund in Seitenlage ausgestreckt liegen kann, zur Verfügung stehen.
     Während der Tätigkeiten, für die ein Hund ausgebildet wurde oder wird, hat die
     Betreuungsperson dafür zu sorgen, dass dem Hund während der Ruhezeiten ein
     witterungsgeschützter und wärmegedämmter Liegeplatz zur Verfügung steht.

(2) Die Schutzhütte muss aus wärmedämmendem und gesundheitsunschädlichem Material
    hergestellt und so beschaffen sein, dass der Hund sich daran nicht verletzen und trocken
    liegen kann. Sie muss so bemessen sein, dass der Hund
  1. sich darin verhaltensgerecht bewegen und ausgestreckt hinlegen kann sowie
  2. den Innenraum mit seiner Körperwärme warm halten kann, sofern die Schutzhütte
     nicht beheizbar ist.

§ 6 ANFORDERUNGEN AN DIE ZWINGERHALTUNG

(1) Ein Hund darf in einem Zwinger nur gehalten werden, der den Anforderungen nach
    den Absätzen 2 bis 4 entspricht.

(2) In einem Zwinger muss
  1. dem Hund entsprechend seiner Widerristhöhe folgende uneingeschränkt benutz-
     bare Bodenfläche zur Verfügung stehen, wobei die Länge jeder Seite mindestens
     der doppelten Körperlänge des Hundes entsprechen muss und keine Seite kürzer
     als zwei Meter sein darf:

WIDERRISTHÖHE CM	BODENFLÄCHE MINDESTENS QM
bis 50	6
über 50 bis 65	8
über 65	10

  2. für jeden weiteren in demselben Zwinger gehaltenen Hund zusätzlich die Hälfte der für
     einen Hund nach Nummer 1 vorgeschriebenen Bodenfläche zur Verfügung stehen,
  3. für jede Hündin mit Welpen das Doppelte der benutzbaren Bodenfläche nach
     Nummer 1 zur Verfügung stehen,
  4. die Höhe der Einfriedung so bemessen sein, dass der aufgerichtete Hund mit den
     Vorderpfoten die obere Begrenzung nicht erreicht.

Abweichend von Satz 1 Nr. 1 muss für einen Hund, der regelmäßig an mindestens fünf Tagen in der Woche den überwiegenden Teil des Tages außerhalb des Zwingers verbringt, die uneingeschränkt benutzbare Zwingerfläche mindestens sechs Quadratmeter betragen.

(3) Die Einfriedung des Zwingers muss aus gesundheitsunschädlichem Material bestehen und so beschaffen sein, dass der Hund sie nicht überwinden und sich nicht daran verletzen kann. Der Boden muss trittsicher und so beschaffen sein, dass er keine Verletzungen oder Schmerzen verursacht und leicht sauber und trocken zu halten ist. Trennvorrichtungen müssen so beschaffen sein, dass sich die Hunde nicht gegenseitig beißen können. Mindestens eine Seite des Zwingers muss dem Hund freie Sicht nach außen ermöglichen. Befindet sich der Zwinger in einem Gebäude, muss für den Hund der freie Blick aus dem Gebäude heraus gewährleistet sein.

(4) In einem Zwinger dürfen bis zu einer Höhe, die der aufgerichtete Hund mit den Vorderpfoten erreichen kann, keine Strom führenden Vorrichtungen, mit denen der Hund in Berührung kommen kann, oder Vorrichtungen, die elektrische Impulse aussenden, vorhanden sein.

(5) Werden mehrere Hunde auf einem Grundstück einzeln in Zwingern gehalten, so sollen die Zwinger so angeordnet sein, dass die Hunde Sichtkontakt zu anderen Hunden haben. Satz 1 gilt nicht für Zwinger, in denen sozial unverträgliche Hunde gehalten werden.

§ 8 FÜTTERUNG UND PFLEGE

(1) Die Betreuungsperson hat dafür zu sorgen, dass dem Hund in seinem gewöhnlichen Aufenthaltsbereich jederzeit Wasser in ausreichender Menge und Qualität zur Verfügung steht. Sie hat den Hund mit artgemäßem Futter in ausreichender Menge und Qualität zu versorgen.

(2) Die Betreuungsperson hat
1. den Hund unter Berücksichtigung des der Rasse entsprechendem Bedarfs regelmäßig zu pflegen und für seine Gesundheit Sorge zu tragen;
2. die Unterbringung mindestens zweimal täglich zu überprüfen und Mängel unverzüglich abzustellen;
3. für ausreichende Frischluft und angemessene Lufttemperaturen zu sorgen, wenn ein Hund ohne Aufsicht verbleibt; dies gilt insbesondere für den Aufenthalt in Fahrzeugen oder Wintergärten sowie sonstigen abgegrenzten Bereichen, in denen die Lufttemperatur schnell ansteigen kann;
4. den Aufenthaltsbereich des Hundes sauber und ungezieferfrei zu halten; Kot ist täglich zu entfernen.

§ 12 ORDNUNGSWIDRIGKEITEN

(1) Ordnungswidrig im Sinne des § 18 Abs. 1 Nr. 3 Buchstabe a des Tierschutzgesetzes handelt, wer vorsätzlich oder fahrlässig
    1. entgegen § 2 Abs. 4 Satz 1 einen Welpen vom Muttertier trennt,

[...]

    3. entgegen § 3 Absatz 5 Satz 1 nicht sicherstellt, dass für jeweils bis zu fünf Zuchthunde und ihre Welpen eine dort genannte Betreuungsperson zur Verfügung steht,
    4. entgegen § 4 Abs. 1 Satz 1 Nr. 1 oder Satz 2 nicht dafür sorgt, dass dem Hund eine Schutzhütte oder ein Liegeplatz zur Verfügung steht,

[...]

    6. entgegen § 8 Abs. 2 Nr. 2 einen Mangel nicht oder nicht rechtzeitig abstellt.

(2) [...]

§ 14 INKRAFTTRETEN, AUSSERKRAFTTRETEN

Diese Verordnung tritt am 1. September 2001 in Kraft. [...]

Die Tierschutz-Hundeverordnung regelt die notwendige Beschaffenheit eines Hundezwingers.
(Abb. KI-unterstützt)

DER AUTOR

Hans-Jürgen Markmann (†) war über fünf Jahrzehnte Jäger und Jagdhundführer mit Leib und Seele. Während dieser Zeit bildete er zahlreiche Hunde jagdlich aus und erzielte mit ihnen bemerkenswerte Prüfungserfolge. Darüber hinaus leitete er über viele Jahre Jagdhundausbildungslehrgänge. Hans-Jürgen Markmanns große Leidenschaft galt außerdem der Tier-, Natur- und Jagdfotografie mit den Themenschwerpunkten Jagdbetrieb und Jagdhunde. Er war viele Jahre Vorstandstandmitglied und zeitweise Präsident der Gesellschaft Deutscher Tierfotografen.

Hans-Jürgen Markmanns Buch „Vom Welpen zum Jagdhelfer", das laufend aktualisiert im Kosmos Verlag erscheint, zählt seit über drei Jahrzehnten zu den erfolgreichsten und nachgefragtesten Werken über moderne Jagdhundausbildung. Neben seinen Büchern veröffentlichte der Verfasser ca. 200 jagdkynologische Artikel in deutschsprachigen Jagdzeitschriften.

REGISTER

„**A**blegen – Bleib" 26, 96 f., 100 f.
„Ablegen – Warten" 97
„Ablegen" 23, 54, 57 f.,65 f., 82, 95 f.,
Abrichtmethoden 16
Abschussgerät (für Dummys) s. Dummy-Abschussgerät
Abtun 116
abwürgen 127
Aggression 127
akustische Zeichen 123
Alltagshalsung 82, 120
angewölft 14, 21 f., 59, 127,129 ff.
Angstbeißer 35
Anlagen, jagdliche 5, 21, 23, 37, 53 f., 61, 71, 110, 114, 129, 131
Anlagenförderung 6, 32, 54 f.,83, 86
Anleinen 81, 99
Anschneiden 79, 83
Anschuss 115, 119 f., 122
„Apport- Festhalten" 76
„Apport" 63, 103, 129
Apportierbock 16, 63
apportieren 16, 26, 37, 57, 76, 102, 105, 126
Apportierholz 16, 19, 76
Apportl 16
Arbeit nach dem Schuss 15, 33, 116
aufzureiten 59
Augenlider 48, 61
Aujeszkysche Krankheit 81
„Aus" 76, 84, 86, 103
Ausbildungshilfen 62, 64, 66
Ausbildungslehrgänge 62 f.
Ausgeben 23, 54, 84, 86, 103, 114
Auswahlkriterien 34, 37

Beißhemmung 59, 61, 77
beuteln 15, 79, 102 f., 129
Beutetrieb 23, 28, 37, 87, 102 f.
Bewegungsseher 65
Bindung 24, 37, 54, 71, 77, 98

Brauchbarkeit (jagdliche) 6, 29, 132
bringen 22, 27, 57, 102 f., 129
„Bringen müssen" 26, 28
Bringholz 19

Caniden 4, 25, 54, 78

Dauergebiss 76
Domestikation 10 ff., 14
dominant 34 f., 58, 130
Dominanz 58
Doppelpfiff 66, 94 f.,
„Down" 60, 66, 84, 87
Dressur 13, 15 ff., 29
Drohgebärde 80
Drückjagd 33
Duftspur 83, 120
Dummy 57 f., 61, 63 f., 76, 103
Dummy-Abschussgerät 28

Einfriedung (Zwinger) 41 f.
Eingewöhnung d. Welpen 45, 61, 70 ff., 79
Eingewöhnungsphase 32
Entwicklungsphasen 20, 22, 48 ff., 127
Erbanlagen 21
Erkundungsdrang 51
Ernährung 14, 44, 49, 71, 79
Erstlingsführer 34 f.
Erziehungsmaßnahmen 71, 78 ff.
Erziehungsziele 60 f.

Familie 39, 58 f., 73 ff.
Fehlverhalten 40, 81, 83
Feldleine 63, 94 f., 113
Feld-Wald-Revier 32 f.
Fertigfutter 45
Fettgehalt 44
Finderwillen 14, 117, 119
Flachdach(-Hütte) 41 f.,
Freilauf 39, 43, 92, 97, 123
„Frei-Verlorensuche" 28
Früh- und Spätentwickler 60

Früherziehung 6, 13 f., 16 f., 19 f., 22 ff., 28, 32, 50, 52, 54 f., 60, 64, 131, 133
Fuchs 22, 37, 101 f., 130
Führer(-rück-)fährte 28, 111, 113, 116
Führleine 63
Fütterung 44 f., 79, 93
Führigkeit 110 f.
„Fuß" 66, 82, 93, 101
Futtermittel 45
Futterschleppe 13, 22, 53 f., 61, 83 f., 111, 113, 116
Futterschüssel 45, 74 f., 83 f.

Gefahrtier-Verordnung 127, 129
Gehörgänge 50, 61
Gehörgangsentzündung 106
Gehorsam, Kleiner 61, 90, 92, 101, 123
Gesundheitsschäden 106
Gewichtszunahme 49 f., 61
Gewöhnung
– an Leine und Halsung 4, 81 f.
– an das Wasser 61, 106,
– an den Schussknall 61, 111
Giebeldach-Hütte 42
Greiftrieb 54
Grundausbildung 5, 26, 55, 66, 82, 87, 94 f., 97, 101, 123
Grundausrüstung 63
Grundfläche (d. Zwingers) 41

Härte(-nachweis) 127
Haken 115, 119
Halsung 4, 19, 26, 61, 63, 81 f., 90
„Halt – Vorwärts" 26, 60
Haltung (d. Hundes) 34 ff., 40 f.
Hasenbesätze 133

Hasenfächer 133
Hasenspur 54, 61, 113 f., 116, 118, 133
Haus-Zwinger-Haltung, kombinierte 38 ff.
Herbstzuchtprüfung 133
Hereinkommen 93
Herunterziehen 96, 116
Hetzen 23, 29, 57, 84 f., 86, 101, 116
Hetzjagden 13
Hetztrieb 54, 87
„Hier" 23, 54, 57 f., 65 ff., 82, 86, 92 ff., 97, 100, 103
Hitze (der Hündin) 37
Hündin 37, 44, 49 ff., 73, 111, 127
Hundeartige 4
Hundehaltung 40 f.
Hundehütte 41 f.
Hunde-Transport-Box 39
Hundetypen 12 f.
Hundezwinger s. Zwinger

Immunstoffe 44
Infektionen 50

Jagdgebrauchshund-verein 62, 98
Jagdhundewesen 13
Jagdkynologie 4, 20 f., 29
Jagdpassion 14
Jagdtrieb 14, 127
Jagdinstinkt und -verhalten 14
Jugendentwicklung 21
Jugendsuche 131, 133
Jugendprüfung 131 ff.
Jungfuchs 65

Kalziumgehalt 44
Kampfhund 128
Kampfspiele 99
Kampftrieb 127
Karabinerhaken 63
Kaubedürfnis 81
Kinder 58 f., 74 f., 104
Klapperdose 64 f.
Knochenaufbau 44

Körperkontakt 33, 39, 50 ff., 61
Kofferraum 43, 72
Konsequenz 5, 22 ff., 54 f., 58, 81
Kontaktliegen 76
Kopfhund 34 f.
Koralle 18
krank schießen 116 f.
Kritische Phasen 48
Kruppe 59, 74, 95 f.

Lautzeichen 55, 64 ff., 91 ff., 96 f.
Lefzen 26, 59, 86
Lehrgänge 62 ff.
leichtführig 24, 26, 37
Leinenführigkeit 23, 81 f.
Leistungszeichen 117, 127
Leithund 13, 38, 96
Lernschritt 55, 94, 123
Lerntrieb 51, 61
Lidspalten 50, 61
Liegeplatz 26, 42, 77
lustbetont (-e Übungen) 5, 22 f., 25, 57 f., 86, 102

„Mensch-Hund-Meute" 11, 14, 21, 26, 39, 61, 111
„Meute-Beute-Spiel" 5, 53, 61
Milchzähne 76
Mineralstoffe 44
Motivation 118
Mutterhündin 5, 49 ff., 71 ff., 104, 111
Muttermilch 44 f.

Nachahmungstrieb 20 f., 105
Nährstoffbedarf 44
Nahrungskonkurrent 127
Nase (d. Welpen) 13, 22, 50, 54, 83 f., 111, 113, 116 ff., 120 f., 129
Naseneinsatz 113
Nassfutter 44
Naturfährte 118
Netze 13
Nutztiere s. Nutzvieh
Nutztiere 53
Nutzwild 65, 102, 126 f.

Öffentliche Verkehrsmittel 54
optische Zeichen 65, 123

Parforce-Dressur 15 ff.
Pfiff 64, 66, 94, 123

Pflege (d. Hundes) 41 f.
Pirsch 66, 97
„Platz" 65, 77, 96 f., 101
Prägung 6, 14, 32, 61, 131
Prägungsphase 33, 48, 51 f., 61, 70
Proteingehalt 44
Prüfungsalter 133
Prüfungstermine 37, 133
Pubertätsphase 48

Rangordnung 23, 26, 34 f., 58 f., 61, 70, 73 ff., 84, 86 f.
Rangordnungsphase 48, 54, 61, 73, 114
Rasse 32 f., 37, 40, 60, 62, 117, 128 f.
Raubwild 22, 65, 102 f., 114, 126 ff.
Raubwildschärfe 126 f., 130
Reizangel s. Übungsangel
Reize, akustische und optische 53, 61, 100
Revier(-fahrt) 53, 61, 101, 110 f.
Rinderblut 117 f., 120
Rudelhierarchie 58 f.
Rudelordnungsphase 48
Ruheraum 41

Saugphase 50, 61
Schärfe 29, 56, 126 f., 129
Scherenzangen-Schloss 63
Schlafphase 50, 57, 61, 78
Schlafplatz 39, 79
Schleppe 53 f., 61, 83 f., 113 ff.
Schleppwild 115
Schlüsselreiz 49
Schrägdach-Hütte 42
Schussknall 52, 61, 99, 111 f.
Schutzhütte/-raum 41 f.
Schweißarbeit 54, 117 ff.
Schweißhalsung 64, 119 f.,
Schweißriemen 64, 120
Selektion(-sprozess) 14, 128
Sichtkontakt 42 f.
Sichtzeichen 65 ff., 91 ff., 123
Sinnesleistungen 51, 61
„Sitz" 23, 28, 54 f., 57 f., 65 ff., 82, 86, 90 ff., 97, 99, 101, 103
Sozialisierungsphase 5, 22, 32, 48, 53, 71, 114

Sozialverhalten 11, 61, 73, 127
Spielabbruch 22, 99
Spritzfährte 118, 121
Spulwürmer 51
Spurarbeit 114
Spursicherheit 114
Spurwille 114
Stehzeit 84, 118 f.
stellen 15, 116, 122
stöbern 105
Stöberhundrasse 33
Stubenreinheit 61, 78 f.
„Such verloren – Apport" 28
„Such verwund't" 119 f.
„Such voran" 113 f.

Tauzieh-Spiele 76
Tierschutzgesetz 29, 38
Tierschutz-Hundeverordnung 40, 136 ff.
Treibjagden 13
Triller(-pfiff) 64, 66
Trockenfutter 44 f.
Tupfverfahren 118, 121

„Über-den-Fang-Griff" 26, 74, 78, 99
Übergangsphase 32, 48, 50 f., 61
Übungsangel 23, 37, 53 f., 57, 61, 64, 84 ff., 99, 101, 107, 123, 127, 129
Übungseinheiten 56 f., 97
Umhängeleine 63, 82, 94
Unterbringung 17, 38 ff.
Unterkühlung 106

Vegetative Phase 48 f., 61
„Verannehmlichen" 24, 91, 93, 95
Verbandsgebrauchsprüfung (VGP) 117, 122, 126 f.
Verbandsjugendprüfung (VJP) 132 f.
Verbandsschweißprüfung (VSwP) 117
Verdauung 49, 79
Verhalten, soziales s. Sozialverhalten
Verhaltensforschung 20 f., 34 f., 127, 131
Verhaltenstest 35 f.
Verharren 86 f.
Verknüpfung 55., 90 f.
Verleitungen 97
Verlorenbringer 28
Vertrauen 6, 24, 35, 39, 54, 56, 61, 73, 76

„Verunannehmlichen" 24
VGP s. Verbandsgebrauchsprüfung
Vitamine 44
VJP s. Verbandsjugendprüfung
Vormilch 44
Vorstehen 23, 53 f., 57, 84, 86 f., 101
Vorstehhund 15, 17, 33, 40
Vorübungen zum Bringen 22, 57
VSwP s. Verbandsschweißprüfung

Wachstumsphase 21, 44
Wachstumsstörungen 44
Wasserarbeit 16, 63, 106
Wasserhemmung 107
Welpenabgabe 71
Welpenauswahl 32 f.
Welpenhalsung 63
Welpenkäufer 52, 62
Welpenlerntage 87, 98 ff.
Welpennahrung 44 f.
Welpenspieltage 21, 53, 62 f., 87, 99 ff.
Welpenübernahme 70 ff., 104
Wildschärfe 117, 127
Wildschweiß 118
Witterungseinflüsse 40 f.
Wittrung 22, 71, 78, 83, 102, 113 f., 118, 120, 126
Wohnungshaltung 40
Wolf 10 ff.
Wundfährte 14, 61, 64, 116 ff.
Wurfgemeinschaft 39, 70 f., 76
Wurfkette 64 f., 95
Wurfkiste 50 f., 61
Wurmkur 51

Zuchtlinie 33
Zuchtverein 33, 62
Züchter 21, 32 ff., 45, 49 ff., 61 f., 70 f., 76, 79, 85, 104, 111 f., 128 f.
Zufütterung 51
Zwang 15 ff., 25 f., 28 f., 54, 94, 106
Zwangsapport 26, 28
Zwinger 32 f., 38 ff., 73, 106
Zwingerhaltung 38 ff.

BILDNACHWEIS

Mit 173 Farbfotos von AdobeStock (11)\acrogame: S. 12 \Chitorok: S. 128 u. \Jim Cumming: S. 10 \Judith Dzierzawa: 124/125 \gerasimov174: S. 11 u. \Nadine Haase: S. 86 u. \Xaver Klaußner: S. 133 \motivjaegerin1: S. 14 \Karoline Thalhofer: S. 25 u. \Ksenia Raykova: S. 32 \Studio Porto Sabbia: S. 5; sowie von Jenny Figge/Griffograph (99): S. 21, 22 beide, 23 o., 24, 25 o., 26, 28, 30/31, 33–38 alle, 40–43 alle, 45, 46/47, 51 beide, 52, 53 o. und u., 56, 59–64 alle, 65 u., 66–71 alle, 72 l. u., 73, 74 o., 75, 76 o., 77 r., 78–80 alle, 81 u., 83, 85 o. beide, 85 M. beide, 97–102 alle, 103 o., 105 u., 107–110 alle, 113 beide, 115 o. und M., 119 alle, 122 u., 134/135, 139; Inga Haase/Flain Fotografie: S. 122 o.; Dr. Ingeborg Lackinger Karger: S. 116; Deutsch-Langhaar Verband e. V.: S. 105 M.; Hans-Jürgen Markmann (27): S. 7, 8/9, 11 o., 13, 15 o., 27, 57 o., 72 l. o., 81 o., 82 beide, 84, 86 o., 105 o., 106, 111 beide, 112, 114, 120, 121, 126, 128 o., 129, 130, 132 u., 140; Maria-Theresia Niehues (10): S. 20, 49 beide, 50 beide, 53 M., 72 r., 103 M. und u., 104; Ekkehard Ophoven (13): S. 15 u., 17, 19, 23 u., 44, 57 u., 65 o., 85 u., 115 u., 118 beide, 131, 132 o.; Roman Pertschak: S. 18, Wilhelm Scharrenbach (7): S. 39, 54, 55, 58, 74 u., 76 u., 77 l.; Karl-Heinz Volkmar (2): S. 4, 117

IMPRESSUM

Umschlaggestaltung von Büro Jorge Schmidt, München,
unter Verwendung einer Fotografie von Jenny Figge/Griffograph

Mit 176 Farbfotos

Unser gesamtes Programm finden Sie unter **kosmos.de**.
Über Neuigkeiten informieren Sie regelmäßig unsere Newsletter,
einfach anmelden unter **kosmos.de/newsletter**.

Gedruckt auf chlorfrei gebleichtem Papier

© 2025, Franckh-Kosmos Verlags-GmbH & Co. KG,
Pfizerstraße 5–7, 70184 Stuttgart
kosmos.de/servicecenter
Alle Rechte vorbehalten
Wir behalten uns auch die Nutzung von uns veröffentlichter Werke
für Text und Data Mining im Sinne von §44b UrhG ausdrücklich vor.
ISBN 978-3-440-18177-5
Redaktion: Ekkehard Ophoven
Gestaltungskonzept: Peter Schmidt Group GmbH, Hamburg
Gestaltung und Satz: typopoint GbR, Ostfildern
Produktion: Vanessa Frömmig
Druck und Bindung: Westermann Druck Zwickau GmbH, Zwickau
Printed in Germany / Imprimé en Allemagne

FSC
www.fsc.org
MIX
Papier | Fördert
gute Waldnutzung
FSC® C110508

Erfolgreiche Jagdhundausbildung
—— von A bis Z

HANS-JÜRGEN
MARKMANN

KOSMOS

Das aktualisierte **STANDARD WERK** SEIT 1822
MIT KOSMOS MEHR ENTDECKEN

Vom ——
Welpen zum
Jagdhelfer

240 Seiten

Seit über drei Jahrzehnten bilden Jägerinnen und Jäger mit den Expertentipps von Hans-Jürgen Markmann ihre Hunde aus und bereiten sie sicher auf die Prüfungen vor. Das erfolgreichste Werk des leidenschaftlichen Rüdemanns – und außerdem begeisterten Natur- und Tierfotografen – liegt jetzt erneut vollständig aktualisiert und außerdem ganz neu gestaltet vor. Zielführende Jagdhundeausbildung Schritt für Schritt – so funktioniert sie wirklich!

kosmos.de